"十四五"职业教育国家规划教材

酒店管理与数字化运营专业新形态一体化系列教材

饭店服务礼仪

（第三版）

主编 宋华清 李岩

中国教育出版传媒集团
高等教育出版社·北京

内容提要

本教材为"十四五"职业教育国家规划教材。教材针对饭店服务礼仪的实际需要,从提高学生的实践技能出发,借鉴加拿大CBE和澳大利亚TAFE模式下的教材建设经验编写而成。内容共分七个模块,包括礼宾服务礼仪、前台服务礼仪、客房服务礼仪、餐厅服务礼仪、电话服务礼仪、会议服务礼仪、康乐酒水服务礼仪。

本教材配套有一体化的教学资源,包括微视频、资料等,可通过扫描二维码在线学习,在提升学习兴趣的同时,也为学习者提供更多自主学习的空间。教师如需本教材授课用PPT、习题答案等配套资源,请登录"高等教育出版社产品信息检索系统"(http://xuanshu.hep.com.cn/)免费下载。

本教材可作为高等职业院校、职业本科院校及应用型本科院校酒店管理类相关专业的教学用书,也可作为旅游及酒店企业相关从业人员业务参考用书。

图书在版编目(CIP)数据

饭店服务礼仪 / 宋华清,李岩主编 . --3 版 . --北京:高等教育出版社,2025.9. --ISBN 978-7-04-064998-7

Ⅰ. F719.2

中国国家版本馆 CIP 数据核字第 20256UD779 号

Fandian Fuwu Liyi

| 策划编辑 | 张 卫 | 责任编辑 | 张 卫 | 封面设计 | 王 琰 | 版式设计 | 童 丹 |
| 责任校对 | 窦丽娜 | 责任印制 | 耿 轩 | | | | |

出版发行	高等教育出版社	网 址	http://www.hep.edu.cn
社 址	北京市西城区德外大街4号		http://www.hep.com.cn
邮政编码	100120	网上订购	http://www.hepmall.com.cn
印 刷	山东百润本色印刷有限公司		http://www.hepmall.com
开 本	787mm×1092mm 1/16		http://www.hepmall.cn
印 张	15	版 次	2015年8月第1版
字 数	320千字		2025年9月第3版
购书热线	010-58581118	印 次	2025年9月第1次印刷
咨询电话	400-810-0598	定 价	48.00元

本书如有缺页、倒页、脱页等质量问题,请到所购图书销售部门联系调换
版权所有 侵权必究
物 料 号 64998-00

第三版前言

饭店从业人员不仅是饭店企业的文化和价值的传播者,还肩负着中国礼仪文明的传承和创新的使命。本教材力求反映饭店服务礼仪发展的最新实践成果,结合岗位和课程培养目标,坚持推进文化和旅游深度融合发展。

本教材自 2015 年由高等教育出版社出版以来,先后获评"十三五""十四五"职业教育国家规划教材,至今已修订两次,受到了广大院校师生的普遍欢迎。在教材使用的过程中,我们收集了一些老师对教材的中肯意见和想法,并对此认真及时地进行了调研,在此基础上启动了修订工作,使教材内容更加贴近实际岗位需求。修订后的教材整体构架没有改变,内容全面贯彻党的二十大精神,落实立德树人的根本任务,在饭店服务业积极践行社会主义核心价值观。本次修订秉承饭店服务技能综合实训的整体研发思路,教材内容详细介绍了饭店各个工作岗位的礼仪要求,从提高从业人员的礼仪素养和实践技能出发,在行业人士的指导下,借鉴加拿大 CBE 和澳大利亚 TAFE 模式下的教材建设经验进行构思、设计和编写。教材形式新颖、内容精、针对性强,对广大院校酒店管理专业(方向)学生服务礼仪及技能的训练有较高的实用价值。

第三版仍保持七个模块二十一个专题,每个专题包含基础知识、服务技能、综合训练、拓展阅读、考核指南 5 个部分。此次修订在每个模块新增了知识目标、能力目标和素养目标,便于读者掌握每个模块岗位所需知识和岗位标准,同时新增了动画视频,动画内容以核心技能讲解为主,直观地展示本模块的知识点。增加的内容是编者根据实际岗位调研和专家论证后最终敲定,希望能给读者带来更多的学习收获。

为了满足学习者随时随地学习的需求,本教材配套建设有省级精品课程和二维码链接的视频资源,学习者可以通过注册申请和手机扫描教材中的二维码,便捷地学习视频内容。我们力求把岗位上的每一个礼仪细节完美地展示出来,使读者能够完成课前预习、课后复习从而获得最佳的学习效果。针对广大一线教师的实际教学需求,本次修订我们制作了全新的与教材内容无缝对接的教学课件,助力教师更好地实施课堂教学。

本教材由大连职业技术学院宋华清和李岩任主编。具体编写分工如下:

教材大纲起草和统稿及每个专题的基础知识、服务技能、综合训练、考核指南部分由宋华清完成；每个专题的拓展阅读及配套课程视频资源建设、题库资源收集整理由李岩完成。大连凯宾斯基饭店的汪健在教材案例选取方面提出了宝贵建议，进一步提升了教材的适用性，在此一并表示真诚谢意！

教材编写是一项严谨的教学研究活动，饭店业是一个与时俱进、不断发展变化的行业，我们在教材编写过程中学习参考了诸多专家学者的研究成果和相关网络资源，使教材既有所传承又有所创新，谨此表示诚挚谢忱！由于水平有限，疏漏之处在所难免，欢迎广大院校师生不吝赐教。

编　者
2025 年 3 月

第一版前言

中国具有5 000年文明史，素有"礼仪之邦"之称，中国人也以彬彬有礼的风貌而著称于世。礼仪文明作为中国传统文化的重要组成部分，对中国社会历史发展有广泛而深远的影响。礼仪涉及的内容非常丰富，范围十分广泛，几乎渗透于当今社会的各个方面。饭店既是境内外游客的下榻场所，也是向他们传递中国传统文化、展示中华文明礼仪的重要窗口。为此，饭店行业需要一批既掌握管理知识，具备服务技能，又懂得服务礼仪的从业者。

本教材秉承饭店服务技能综合实训系列教材的整体开发思路，针对饭店工作岗位和服务人员的实际需要，从提高从业人员的礼仪素养和实践技能出发，在行业人士的指导下，借鉴加拿大CBE和澳大利亚TAFE模式下的教材建设经验进行构思、设计和编写，形式新颖、选材独到、内容精练、针对性强，对旅游院校酒店管理专业(方向)学生服务礼仪及技能的强化训练具有较高的实用价值。

本教材改变了传统教材的章节形式，以饭店服务的具体服务项目(技能)为单位分为相对独立的七个模块二十一个专题，每个专题又划分为基础知识、服务技能、综合训练和考核指南四个部分。

基础知识——以精练、够用为度，概要介绍学生应知应会的知识要点，目的是为技能训练项目提供铺垫。

服务技能——多以表格或其他简洁的形式列举每一个服务项目的流程、规范与标准，解析专项技能的训练方法，是本书中最为重要的部分。

综合训练——通过饭店(实例)情境再现，直观地引导学生积极思考，加深理解和掌握本专题中所学到的知识与技能。

考核指南——从基础知识和服务技能两个方面界定本专题中的主要考核内容及具体的考核方式(方法)等，使学生明确学习重点和考核方向。

本教材的开发队伍是在系列教材项目研发团队的框架下组建的。本教材由辽东学院姜文宏任总主编，大连职业技术学院宋华清任主编，大连女子职业中专单伟、张素洁，大连经贸学校刘辉老师等也参与了此书的编写工作。姜文宏担任教材大纲和内容审定工作；宋华清、张素洁负责教材大纲起草、内容编排整合及统稿工作。具体写作分工如下：第一至第十四专题和第十七至第二十一专题及附录由宋华清编写，第十五和十六专题编写以及所有案例收集、图片整理及模块导言编写由单伟、刘辉负责。视频的拍摄脚本由宋华清撰写，姜文宏、宋华清、李岩全程参与并指导拍摄工作；大连香洲花园大酒店员工、大连职业技术学院酒店管理学院学生作为演员参与拍摄；大连泽软信息技术有限公司负责视频的拍摄和后期制作，他们以极其认真负责的工作态度和精益求精的专业精神，保证了拍摄和制作的质量，在此一并深表谢意！

教材的编写本身是一项严谨的教学研究工作，是对一门课程的基础理论、基础知识、基本技能体系的科学构建。如何选择科学的内容体系，如何选择最佳的表达方式，都需要编者进行深入的研究，以认识和把握其中的规律。我们在教材编写的过程中，学习参考了中外诸多专家学者和行业人士的研究成果，使本教材无论是知识体系的建构还是技能项目的提炼都做到了既有继承又有创新。

由于水平有限，疏漏之处在所难免，欢迎全国院校师生不吝赐教。

编　者

2015 年 2 月

目 录

第一模块
礼宾服务礼仪　　　　　　　　　　　1

第一专题　饭店店外迎送礼仪　　　2
第二专题　饭店门厅迎送礼仪　　　11
第三专题　行李服务礼仪　　　　　21
第四专题　VIP 礼宾服务礼仪　　　31

第二模块
前台服务礼仪　　　　　　　　　　　39

第五专题　前台办理入住礼仪　　　40
第六专题　前台问讯礼仪　　　　　50
第七专题　前台结账退房服务礼仪　59
第八专题　投诉处理礼仪　　　　　67

第三模块
客房服务礼仪　　　　　　　　　　　77

第九专题　楼层迎送接待礼仪　　　78
第十专题　客房内服务礼仪　　　　91

第四模块
餐厅服务礼仪　　　　　　　　　　　105

第十一专题　餐厅预订服务礼仪　　106

第十二专题	餐厅迎送礼仪	113
第十三专题	开餐与就餐服务礼仪	121
第十四专题	餐厅特殊问题处理礼仪	128

第五模块
电话服务礼仪 　　　　　　　　　141

| 第十五专题 | 电话总机服务礼仪 | 142 |
| 第十六专题 | 部门电话服务礼仪 | 152 |

第六模块
会议服务礼仪 　　　　　　　　　163

第十七专题	会谈服务礼仪	164
第十八专题	商务洽谈服务礼仪	170
第十九专题	大型会议服务礼仪	177

第七模块
康乐酒水服务礼仪 　　　　　　　185

| 第二十专题 | 健身中心服务礼仪 | 186 |
| 第二十一专题 | 酒水服务礼仪 | 197 |

附录　　　　　　　　　　　　　　209

| 附录一 | 常用礼宾词汇英汉对照表 | 209 |
| 附录二 | 世界部分地区的礼俗和节日 | 212 |

参考文献　　　　　　　　　　　　225

二维码视频资源目录

二维码对应视频资源	页码
视频：仪容服饰礼仪（1）	6
视频：目光礼仪	6
视频：致意礼仪	6
视频：介绍礼仪	6
视频：语言礼仪	6
动画：目光与微笑礼仪训练	7
视频：站姿礼仪	15
视频：走姿礼仪	15
视频：手姿礼仪	15
视频：引领礼仪	16
视频：鞠躬礼仪	24
视频：问候礼仪	25
视频：递接礼仪	25
视频：行走礼仪	25
视频：电梯礼仪	25
视频：升旗礼仪	34
视频：体姿礼仪	34
视频：仪容服饰礼仪（2）	44
视频：接打电话礼仪	44
视频：递接物品礼仪	44
视频：语言交流礼仪	44
动画：前台服务用语训练	46
视频：形象礼仪	55
视频：迎接礼仪	55
视频：解答礼仪	55

二维码对应视频资源	页码
视频：仪容仪表礼仪（1）	62
视频：礼貌迎客礼仪	62
视频：仪态动作礼仪	62
视频：语言沟通礼仪	63
视频：仪容仪表礼仪（2）	71
视频：倾听礼仪	72
视频：沟通礼仪	72
视频：梯口迎接礼仪	85
视频：引领入房礼仪	86
视频：介绍房间礼仪	86
视频：礼貌送别礼仪	86
视频：清洁服务礼仪	98
视频：日常服务礼仪	99
视频：生活服务礼仪	99
视频：商务服务礼仪	100
视频：VIP服务礼仪	100
视频：着装礼仪	109
视频：目光礼仪（1）	109
视频：聆听礼仪	109
视频：站姿礼仪	116
视频：引领礼仪	116
视频：拉椅让座礼仪	117
视频：递接礼仪	117
视频：送客礼仪	117
视频：餐后服务礼仪	117
动画：餐厅迎送礼仪	117
视频：酒水服务礼仪	123
视频：菜肴服务礼仪	124
视频：餐具撤换礼仪	124

二维码对应视频资源	页码
视频：化妆礼仪	132
视频：微笑礼仪	132
视频：鞠躬致意礼仪	132
视频：目光礼仪（2）	133
视频：致歉语礼仪	133
视频：推脱语礼仪	133
视频：平等适度自信礼仪	133
视频：电话服务准备礼仪	146
视频：转接服务礼仪	146
视频：留言服务礼仪	146
视频：叫醒服务礼仪	147
动画：总机转接电话、留言服务礼仪训练	147
视频：打电话的礼仪	154
视频：接电话礼仪	155
视频：会谈座位安排礼仪	166
视频：座位服务礼仪	166
视频：茶水服务礼仪	166
动画：拉椅让座服务训练	167
视频：签字仪式座位安排礼仪	172
视频：签字仪式服务礼仪	173
视频：大型会议服务礼仪	179
视频：国旗悬挂礼仪	180
视频：迎接礼仪	192
视频：针对性服务礼仪	192
视频：饮料服务礼仪	192
视频：送客服务礼仪	193
动画：游泳及健身接待礼仪训练	193
视频：接待礼仪	204

二维码对应视频资源	页码
视频：调酒礼仪	204
视频：席间服务礼仪	205
视频：结账送客礼仪	205

第一模块
礼宾服务礼仪

前厅礼宾服务是提供全方位服务的岗位,其礼仪是在迎来送往的工作中形成的。一般包括饭店店外迎送礼仪、饭店门厅迎送礼仪、行李服务礼仪及 VIP 礼宾服务礼仪。

学习目标

·知识目标

1. 掌握饭店外迎送礼仪的内容及服务要点。
2. 掌握饭店行李服务礼仪的内容及服务要点。
3. 熟悉饭店 VIP 礼宾服务的礼仪规范。

·能力目标

1. 具备良好的服务意识和灵活运用服务用语的能力。
2. 具备针对不同客人需求,提供专业礼宾服务及更高的个性化服务能力。

·素养目标

1. 养成良好的职业礼仪习惯,树立继承和弘扬中华优秀传统礼仪文化的信心。
2. 在平凡岗位中提升自身修养、在服务中体现大国礼仪风范,增强职业自豪感。

第一专题
饭店店外迎送礼仪

　　店外迎送服务是指饭店代表在机场、车站、码头等主要交通口岸，欢迎客人到来，介绍有关信息，解答客人问询，为客人提供高效、满意的接送服务的工作。店外迎送服务是争取客源，提高服务质量的一项重要工作。其通过礼貌礼节行为，使客人感到安心、舒心、放心，感受便利、热情、温馨，体会重视、关注、尊严，从而对饭店留下美好的第一印象。

基础知识

▲ 服饰礼仪规范

- ▲ 保持工装干净,无皱褶,无污渍,无头屑;熨烫平整,纽扣齐全,衣袖不卷不挽;要慎穿毛衫,巧配内衣,口袋少装东西。
- ▲ 服务牌戴在左胸偏上部位。
- ▲ 鞋内无味,鞋面无尘,鞋底无泥,鞋垫相宜,鞋面无破损。
- ▲ 袜子以单色为宜,男士最好是黑色的,女士最好是肉色的,且长筒袜无破洞;袜子要干净、完整、合脚,袜腰长短要合适。

如图 1-1 所示。

图 1-1 服饰礼仪规范

▲ 仪容礼仪的基本要求

- ▲ 保持良好的个人卫生习惯,坚持每日洗澡、更衣。
- ▲ 面部整洁,平时做好洁肤和护肤工作,保持眼角、嘴角的卫生;男士胡须、鼻毛及时清除;口腔无异味、无异物。
- ▲ 发型整洁、规范,长度前不覆额、侧不过耳、后不及领,发型清新利落,发色正常。
- ▲ 注意手部保养和清洁,指甲无污垢,不留长指甲,只能涂无色或肉色指甲油。
- ▲ 女士上班时间化淡妆,选择接近肤色的粉底,使肤质显得细腻,重点是睫毛和唇彩,用腮红调整脸形。彩妆要自然、协调。不要在客人面前化妆。

▲ 服务心理

- 首轮效应：其也称为第一印象或心理定式，大多是在看到对方或听到声音后的一刹那形成的，通常只需 30 s 甚至 3 s 的时间。一个清新的微笑、一句轻声的问候，都会给客人留下美好的第一印象。
- 亲和效应：其是指人们在交际应酬过程中，往往会因为彼此之间存在某些共同之处或相似之处，从而感到相互之间更加容易接近。
- 末轮效应：这是指在服务过程中，服务人员和服务单位留给服务对象的最后印象，即服务过程要"善始善终"。许多时候末轮效应比首轮效应做好的难度更大。它会决定客人对酒店的记忆，甚至直接影响回头率。

▲ 微笑礼仪

- 微笑是什么？微笑是表达和交流情感的最好方式，给人和蔼、热情的感觉，加上适当的敬语，会使客人感到亲切、安全。微笑服务可以使客人的需求得到最大限度的满足。客人除物质上的需求外，也要求得到精神上、心理上的满足。实践证明，诚招天下客，客从笑中来；笑脸增友谊，微笑出效益。最好的微笑并非天生就有，需要学习、熟悉和练习。原生的微笑要在有笑意时才会笑出来，而经过训练的笑容是可控制，有表达力和感染力的。微笑是永不过时的通行证，可以拉近人与人之间的距离，表达尊重和礼貌，感受他人的诚意。因此要善用微笑。积极、热情的态度比能力更重要；面带微笑，你就能表现出积极热情的一面。
- 怎么微笑？要笑得自然、亲切、甜美、大方、得体，只有怀有对客人的尊敬和友善以及对自己所从事工作的热爱，才会发自内心地笑对客人。嘴角向两边牵动，由心到眼充满喜悦之情，面部肌肉柔和放松，不断地调整嘴角牵动的幅度，找到最得体、最亲切、最自然的笑容。最动人和最感人的笑容一定是发自内心的、真挚的、真实的。一种是不露牙齿，嘴角两端略略提起的微笑，适合与客人相距较近、无须说话的时候；另一种是露出上排八颗牙齿，热情的微笑，适合与客人相距 3 m 左右，迎接问候的时候。微笑不仅表示礼貌，也代表对人的友好与尊重。
- 微笑的原则。微笑遵循如下原则：主动微笑原则、自然大方原则、眼中含笑原则、真诚微笑原则、健康微笑原则、一视同仁原则、最佳时机和维持原则、天天微笑原则。

▲ 乘轿车礼仪

- 上下车顺序：打开车门，用手示意，请客人先上，等客人坐稳后，关好门后从另一侧车门进座。下车时自己先下，为客人打开车门，请其下车。
- 专职司机驾车座次由高到低是：后排右座、后排左座、后排中座、副驾驶座。

一般应请客人坐在后排座的右侧，自己坐在左侧。如果客人有人陪同，就请陪同者坐在客人左侧，自己坐在前排司机的旁边。如果客人已经坐好，就不必再要求按这个顺序调换。

- 主人驾车座次：以前排右侧为尊，后排右侧次之，后排左侧再次，中间座最末。开车门次序也一样，但若有女士，则应先开后排右侧车门，因为按国际通例，女宾一般不坐前座。

赞美礼仪

- 赞美的作用。赞美是酒店员工对宾客的接受、重视与肯定。一个人获得他人中肯的赞美，其内心的愉悦程度有时是物质享受所无法比拟的。这就要求酒店员工善于发现，恰到好处、适时地对客人值得赞美之处予以欣赏、肯定、称赞。它有利于争取客人的合作，使酒店员工与客人彼此和睦友好地相处。
- 赞美与吹捧的区别。真正的赞美是建立在实事求是的基础上，是对他人的闪光点和过人之处的肯定与认同，可以产生满足客人自尊、使之自豪的效应；而吹捧则是为了讨好他人而恭维和奉承。也许吹捧可以满足客人的虚荣心而讨客人的一时欢心，但由于含有哄、骗的成分，所以不可取。
- 赞美的方法。赞美客人，要合理巧妙，适可而止，实事求是。具体来说，对于女人，可着重赞美其外貌、能力、品位、保养、事业、气质、智慧；对于中年男子，可着重赞美其努力过程、工作成果、社会地位、事业、气度、家庭、信用；对青年男子，可着重赞美其性格、能力、努力、仪容、判断力、工作、诚意、女友。

服务技能

店外迎送礼仪需既注重礼仪外在形象，又注重礼仪内涵，基本要求如下。

- 饭店代表须服饰鲜明、整洁、挺括，手持独具特色、有店徽（饭店名称）的欢迎牌，恭候客人的光临。
- 客人抵达时，要主动迎候并做自我介绍，说："早上好／下午好／晚上好，请问您是××先生（小姐）吗？欢迎您光临！我是××饭店代表。您有托运行李吗？请将行李牌给我，我们帮您领取。"如果客人要自领行李，应尊重客人的意愿。
- 礼貌地引领客人到车上就座，点清、放好行李，轻关车门，陪送客人到饭店。
- 送客服务时要了解客人离店情况，事先向车队订车。送客路上，应礼貌地征求客人对饭店的意见，欢迎他们再次光临并祝旅途愉快。

店外迎送礼仪重在突出仪容服饰礼仪、目光礼仪、致意礼仪、介绍礼仪、语言礼仪，具体礼仪操作要点和礼仪作用如表1-1所示。

表 1-1　饭店店外迎送礼仪

内容	操作要点	作用
仪容服饰礼仪	（1）着装规范 着装要符合身份、遵守常规 （2）仪容整洁 面部整洁，口气清新 （3）发型标准 发长适中，款式适合，发色自然。前发不覆额，侧发不盖耳，后发不及领 （4）化妆淡雅 女服务员化淡妆，自然、协调；饰物以少为佳	展示员工的精神风貌，体现酒店的规格和标准，满足客人对重视、尊严的需要，让客人感受到酒店服务的专业和自身的尊贵
目光礼仪	（1）注视部位 注视双眼与鼻子的三角区位置。自己说话，看对方的眼睛；对方说话，看他的眼与鼻子的三角区位置 （2）注视角度 最好的角度是平视或仰视 （3）目光要求 目光热情、专注、亲切、有神，体现诚意与尊重 （4）对视时间 对视占交谈时间的30%～60%，连续注视对方1～2s	恰当的目光礼仪能营造一种亲切温和、融洽和谐的气氛，让客人感受到平等、舒服，感受到被重视与被尊敬，产生安全感、信任感、舒适感
致意礼仪	（1）起立致意 尊者来去时起立致意 （2）微笑致意 致谢、致歉时微笑致意 （3）点头致意 同一地点多次见面、一面之交或不宜交谈的场合点头致意 （4）欠身致意 表示对人的恭敬用欠身致意 （5）招手致意 招呼较远的熟人可举手示意	亲切自然的致意有表达力和感染力，可以拉近距离、表现礼貌，显得彬彬有礼、落落大方、温文尔雅、周到得体
介绍礼仪	（1）自我介绍 自我介绍是告知自己的姓名、身份、目的、愿望等 （2）介绍他人 为他人介绍要先了解双方的愿望，以免冒失；先提尊者；将身份低者介绍给身份高者；姓名并提，实事求是；面带微笑，目光亲切；手势优美，手心向上；口齿清楚，咬准字音；掌握分寸，不涉及隐私	自我介绍是把自己的情况告诉对方，让客人有安全感和自豪感。为他人介绍则是为了让双方尽快了解、交流，必须遵守尊者优先了解情况的规则
语言礼仪	（1）态度诚恳 全神贯注地关注客人，发自内心地为客人着想，真诚恳切地与客人交谈 （2）谦逊文雅 说话态度谦逊，语言礼貌、文雅，每句都有文明用语 （3）声音礼仪 音质优美、发音清楚，语速均匀，语调柔和、语气亲切、音量适中 （4）幽默、赞美 有幽默感、赞美客人，是更高超的语言技巧	态度诚恳，谦逊专注，语速、语调、语气、音量适中。幽默文雅的语言礼仪可以表达感情、沟通信息、传递尊重、加强信任，使客人对酒店更有兴趣，提高客人对酒店的满意度和忠诚度。有幽默感、学会赞美则可以化解小矛盾，让客人心花怒放，功效更胜一筹

视频：仪容服饰礼仪（1）

视频：目光礼仪

视频：致意礼仪

视频：介绍礼仪

视频：语言礼仪

综合训练

目光礼仪训练

动画：目光与微笑礼仪训练

▲ 礼仪角色

请学生扮演迎宾人员和客人。

▲ 礼仪要求
- 注视时是以双眼为底线，注视的位置在对方唇心到双眼之间的三角区域。
- 注视方向是平视或仰视。
- 自己说话，看对方眼睛；对方说话，看对方的眼睛与鼻子的三角区。
- 对视时间占交谈时间的 30%～60%，连续注视对方 1～2 s。

微笑礼仪训练

▲ 礼仪角色

请学生扮演迎宾人员和客人。

▲ 礼仪要求
- 与客人相距较近、无须说话的时候：不露牙齿，嘴角两端略略提起的微笑。
- 与客人相距 3 m 左右，迎接问候的时候：露出上排八颗牙齿，热情地微笑。
- 练习微笑与目光、声音的结合：眼中含笑，声音融入笑容，欢快甜美。
- 要有健康的心态、良好的心境和愉悦客人的心情。

▲ 训练方法
- 面对面微笑训练。
- 用书遮住眼睛以下部分来训练微笑的眼神。
- 对个别冷脸于课后单独训练。
- 对笑脸进行评比竞赛：每周或每月评出一个最佳笑星。
- 让最佳笑星指导帮助冷脸，让他们早日脱离冷脸行列。

介绍训练

▲ 礼仪角色

请学生扮演迎宾人员、司机和客人。

▲ 礼仪要求
- 向客人做自我介绍，包括称呼、问候、姓名、单位、目的、愿望 6 个要点。例如："王先生，您好！我是××饭店前厅部的王媛，专程来接您。非常欢迎您来到大连，入住××饭店！"
- 为客人和司机做介绍。要先请示客人，得到允许后，将司机介绍给客人；姓名并提，实事求是；面带微笑，目光亲切；手势优美，手心向上；口齿清楚，咬准字音。例如："王先生，请允许我向您介绍一下，这位是我们饭店的司机刘烈。"

乘轿车训练

▲ 礼仪角色

请学生扮演迎宾人员和客人。

▲ 礼仪要求
- 先打开后排右侧车门，并用手示意请客人先上，等客人坐稳后轻关车门，自己从车后绕到左侧入座。
- 如果客人有两位，就请客人坐在后排，自己坐在前排司机的旁边。
- 下车时自己先下，为客人打开车门，请其下车。

拓展阅读　微笑给人美的享受

　　著名画家达·芬奇的杰作《蒙娜丽莎》是欧洲文艺复兴时期最著名的肖像画作品之一。画中女士的微笑给人以美的享受，使人们充满对真善美的渴望，至今让人回味无穷。

　　微笑，是一种特殊的语言——情绪语言。它可以和有声语言及行动相配合，起互补作用。沟通使人们的心灵架起友谊的桥梁，给人以美好的享受。工作、生活中离不开微笑，社交中更需要微笑。微笑是世界通用的体态语，它跨越了不同民族和文化的差异。微笑是人人都喜爱的体态语，正因为如此，无论是个人还是组织，都充分重视微笑及其作用。

　　美国有一个城市被称为微笑之都，它就是艾奥瓦州的波卡特洛市。该市通过一项法令，该法令规定全体市民不得愁眉苦脸或拉长面孔，违者将被送到"欢容遣送站"去学习微笑，直到学会微笑为止。波卡特洛市每年举办一次"微笑节"。可以想象，"微笑之都"市民的微笑绝不比"蒙娜丽莎"逊色。

　　希尔顿酒店集团的创始人希尔顿，每当遇到员工，都要询问这样一句话："你今天对顾客微笑了没有？"他指出："饭店里第一流的设备很重要，而第一流服务员的微笑更重要，如果缺少服务员的微笑，就好比花园里失去了春日的太阳和春风。假如我是顾客，我宁愿住进虽然只有破旧地毯，却处处可见微笑的饭店，也不愿走进只有一流设备而不见微笑的地方。"正是因为希尔顿深谙微笑的魅力，才使希尔顿酒店誉满全球。

▲ 案例　丢在出租车上的行李

　　炎炎夏日，一辆出租车停在了酒店大门口，行李员快步上前为客人拉车门、护顶。从车上下来一对年轻男女，看样子是一对夫妇。那位女士说："外面太热了，我们先进去吧。"男的说："好吧。"两人说着就步入了酒店大堂。行李员打开车后盖，拿出行李，一共是两件，此外，车上就没什么箱包了。这时，正好有辆出租车过来，他就赶紧关上车盖，并迅速在提示卡上记下了出租车的车号，然后提着行李来到了总台。

客人正在办理登记手续。女客人转身看到行李员提着的行李，立即惊呼起来："哎呀，我刚买的一件青花瓷花瓶不见了！"男客人转身一看，果然只有两件行李，他赶忙问行李员："我们还有一件行李呢？"行李员答道："先生，您车上只有这两件行李。"男客人说："怎么可能？我们还有一件东西在车上，你怎么这么不仔细呢？我要找你们大堂经理投诉。"

这时大堂经理闻讯赶来，询问情况："先生，您丢失的行李是什么样的？"男客人回答说："是一件我们刚刚买的纪念品，一件青花瓷花瓶，是用麻布包着的，我夫人非常喜欢。"看来一定是行李员忽略了这件用麻布包着的行李。

由于酒店规定行李员在客人下车时要记下出租车的车牌号，因此查找起来应该不是难事。于是大堂经理对客人说："真是对不起了，由于我们工作的失误，给你们带来了麻烦。请你们先到房间里休息一会儿，我们有刚才你们乘坐的出租车的车号记录，这就与出租车调配中心联系，一定把行李给你们找回来。"客人一看目前也没有更好的办法，也只好如此，但是同时表示，酒店必须找到他们的行李。随后，大堂经理立即着手寻找该出租车。同时，他还安排总台给客人送去了时令水果。

一个小时后，大堂经理亲自带着客人的行李和致歉信来到了客人入住的518号房。见到完好无损的纪念品，客人高兴极了，同时接受了饭店的道歉。

◢ 评析

本案例事件的发生是由于饭店行李员在工作时没有按规定操作，同时粗心大意造成的。这不仅给客人带来了麻烦，也给饭店带来了经济损失，更影响了饭店的声誉。所幸的是酒店有一个好的规定，即行李员在客人下车时要记下出租车的车号，这就为迅速找到客人的行李创造了条件。同时，大堂经理在问题发生后有条不紊地分析行李的去向，安抚客人（如告诉客人酒店记录了客人所乘出租车的车号，以及让客人到房间休息并送上时令水果等），联系出租车调度中心，并且只用了短短一个小时就亲自带着客人丢失的行李和饭店致歉信来到了客人的房间，这一切都体现出了饭店办事的高效率和饭店的诚意，并以此最终赢得了客人的谅解。

考核指南

◢ 小组练习

学生分成小组，各小组选一位组长带领组员，分别扮演饭店代表和客人，完成店外迎宾服务礼仪模拟操作。

◢ 小组评价
▲ 微笑和目光礼仪。
▲ 迎送人员的基本礼貌用语。

◢ 综合实训评价

综合评价包括小组之间的互评和教师对各小组工作的系统评价,确定个人能力水平和努力方向。如表 1-2 所示。

表 1-2 饭店店外迎送礼仪学习评价表

学习目标		内容	评价	
		评价项目	小组评价	教师评价
知识	应知应会	服饰、化妆基本知识		
		微笑、目光礼仪的基本知识		
		致意礼仪的基本知识		
		语言礼仪的基本知识		
能力	专业能力	掌握着装化妆:仪容仪表整洁、规范、得体		
		运用目光微笑:目光专注,微笑甜美,表情亲切		
		学会语言沟通:表达自然随和,周到体贴		
		掌握致意礼仪:把握距离、角度、方式、分寸		
	通用能力	修饰打扮能力		
		人际交往能力		
		表达沟通能力		
		解决问题能力		
态度	真心诚意,热情主动,有问必答,有求必应			
教师、同学建议:			评价汇总: A. 优秀 B. 良好 C. 基本掌握	
努力方向:				

第二专题
饭店门厅迎送礼仪

饭店门厅迎送是客人进入饭店正门时所提供的一项面对面的服务,由门厅迎宾员负责。迎宾员调度车辆、开门护顶、微笑迎客、主动问候、引领客人等一系列动作能让客人立即感受到饭店的档次、规模和服务水准。他们挺拔的站姿、华丽的礼服、和蔼的态度、敏锐的目光、规范的手势、动听的问候、热情的服务,代表了饭店的形象,让客人感受到饭店服务的周到、细致与体贴。

基础知识

▲ 站姿礼仪

基本要求：头正、肩平、颈直、下颌微向后收；两眼平视，精神饱满，面带微笑。直立，挺胸，收腹，略微收臀，身体重心落于前脚掌。

△ **手位**
- ▲ 双手在身体两侧：双手自然下垂，或者一手垂在背后，一手自然下垂。右手搭左手叠放于体前。这种姿势自然轻松，给人亲切感。
- ▲ 双手叠放于体后：背手时如果双腿并立，表示尊重。双腿分开则表示威严。

△ **脚位**
- ▲ V 字形：两脚跟贴紧，脚尖分开 60°，男女皆可。
- ▲ 双脚平行分开：男士专用，但不能宽过双肩。
- ▲ 小丁字形：女士专用，双脚呈小丁字形摆放，重心放在后腿上，自信优雅。

△ **服务站姿**
- ▲ 体前交叉式：女迎宾员站姿，抬头挺胸，下颌微收，面带微笑，两脚呈 V 字形或小丁字步，右手搭在左手上轻贴于腹前。
- ▲ 体后交叉式：男迎宾员站姿，两脚分开，与肩同宽；双手相握于体后。
- ▲ 体前单臂式：近距离为客人服务时，男女皆可用，一手自然下垂，另一手弯曲在体前，手不超过中线。

△ **不当站姿**

站立时抖腿、脚尖在地上划来划去、用脚去够东西或者用一只脚蹭另一只脚、两脚交叉、摸头发、摆弄衣扣、东张西望等，这些姿势都应当杜绝。
- ▲ 防御式：双臂交叉，抱在胸前，有消极、防范、抗议他人之嫌。
- ▲ 权威式：双手背在体后，令人产生不确定感。
- ▲ 示威式：用单手或双手撑腰，显得强势、进犯、威胁。
- ▲ 隐藏式：双手插入衣袋或裤袋中，显得不严肃、拘谨、小气。

▲ 手势礼仪
- ▲ 四指并拢，拇指张开，手与小臂成一条直线，以肘关节为轴，呈 130°，腋下打开。
- ▲ 手从腰边顺上来，告知正确方位。指右边时用右手，指左边时用左手，手指并拢伸直。

- ▲ 身体微倾，眼看所指方向。走动时手放下来，转弯时再打手势："对不起，我们要右转。"
- ▲ 手心向上，上身前倾，面带微笑，注视方向，兼顾对方。
- ▲ 手势不宜过多过大，不要使用单个手指。
- ▲ 不同手势的含义如下所示。
  - 拇指指人：自以为是。
  - 食指指人：指责对方。
  - 小指指人：贬低对方。
  - 弯曲手指：有野心。
  - 手心向上：坦诚热情。
  - 手心向下：压制别人。
  - 手心向内：和事佬，妥协。
  - 手心向外：推卸责任。
  - 手心向自己：缺乏自信，渴望支持。

迎送服务技能

- ▲ 文明服务。规范科学服务，练好基本功，洞悉顾客心理，掌握正确的方法。
  - "待客五声"：进门有迎声，询问有答声，去有离送声，帮忙有谢声，不周有歉声。
  - "四不讲"：不讲不尊重对方的语言，不讲不友好的语言，不讲不客气的语言，不讲不耐烦的语言。
- ▲ 礼貌服务。
  - 主动：无论多忙一样照顾，无论闲忙一样待客。
  - 热情：待人礼貌，面带微笑，态度友好，语言亲切，工作热心周到。
  - 耐心：做到百问不厌，遇事不急，处事果断。
  - 周到：一视同仁，待客诚恳，安排细致，服务热情。
- ▲ 主动服务：服务在客人开口之前。
  - "四勤"：嘴勤、眼勤、腿勤、手勤（脑勤）。
- ▲ 热情服务：语言、表情、举止适度。
  - "四不讲"：不讲粗话，不讲脏话，不讲讽刺话，不讲与服务无关的话。
  - "四种服务忌语"：蔑视语、否定语、顶撞语、烦躁语。
- ▲ 周到服务：服务系列化，操作有检查。
  - "三轻"：走路轻，说话轻，操作轻。
  - "三不计较"：不计较宾客不雅的语言，不计较宾客急躁的态度，不计较个别宾客无理的要求。
- ▲ 个性服务。
  - 人的需要有5个层次：生理需要、安全需要、社交需要（归属与爱的需要）、自尊需要、自我实现需要。

◁ 开车门礼仪

▲ 当来宾乘坐的是轿车时，门卫应车停人到，站在车门轴一侧，一手将车门开至70°，另一手四指并拢，手臂伸直，置于车门上沿，以防宾客头部碰撞车厢门框。上身微向车辆倾斜，见宾客下车，用礼貌用语问候客人"您好，欢迎光临"。待宾客下车后，将车门轻轻关上，示意司机离开。

▲ 当宾客离店时，应在客人的示意下为其安排合适的出租车，以同样的礼仪姿势为客人开车门，注意女士优先和尊老爱幼的原则，按轿车车位的主次一一打开车门，送宾客上车，最后轻关车门并道别，或用招手礼目送客人离去。

▲ 当团队客人到来时，应配合导游引领客人下车进店，并礼貌问候，帮助行李员打开大门，必要时为老弱客人提供帮助服务。

▲ 当团队客人结账离店时，应指挥安排旅游车驶至离饭店大门最近、最便利的位置，帮助行李员出行李，面带微笑向客人行点头礼并道别。待客人与行李均已安置妥当，引导司机有条不紊地离开饭店。

服务技能

　　大门迎接员应服饰挺括、仪表整洁、仪容端庄、精神饱满，站在正门前恭候宾客的光临。

▲ 见到宾客乘车抵达时，要立即主动迎上，引导车辆停妥，一手拉开车门，一手挡住车门框的上沿，以免客人碰头。如宾客是佛教界人士，则不能挡，因为他们认为用手一挡，佛光就被遮住了，是不尊重人的行为。

▲ 问候客人要面带微笑，热情地说："先生（或小姐、夫人等），您好，欢迎光临！"并致15°鞠躬礼。对常住客人切勿忘记称呼其姓氏，如"史密斯先生""布朗小姐"等。

▲ 当客人较集中到达时，应热情、耐心地向宾客微笑、点头示意问候，尽量使每一位客人都能得到亲切的问候。

▲ 如遇下雨天，要撑伞迎接以防宾客被雨淋湿。若宾客带伞，可将宾客带的雨伞放在专设的伞架上，并代为保管。

▲ 如遇见老人、儿童、残疾客人，要主动伸手搀扶，倍加关心照顾。

▲ 客人离店时，要引导车子开到客人容易上车的位置，拉开车门请客人上车，确认客人已坐好，衣裙不影响关门时再轻关车门，向客人微笑道别："谢谢光临，欢迎下次再来，再见！"并招手示意，目送离去。

▲ 主动、热情、认真地做好日常值勤工作。要尽量当着客人的面主动引导出租车或打电话为其联系出租车，并礼貌地按规定热情接待来访者，主动帮助他们寻人，回答客人的问询，绝对不能置之不理，冷漠旁视。

　　饭店门厅迎送礼仪突出站姿礼仪、走姿礼仪、手势礼仪、引领礼仪，做到既注重礼仪外在形象，又注重礼仪内涵。礼仪操作要点和礼仪作用如表2-1所示。

表2-1 饭店门厅迎送礼仪

内容	操作要点	作用
站姿礼仪	（1）基本要求 挺胸收腹，竖颈垂臂，目光平视，面带微笑 （2）体前交叉式 女士用体前交叉式，双手握于腹前，双脚呈丁字步 （3）体后交叉式 男士用体后交叉式，两脚分开与肩同宽，双手握于体后 （4）体前单臂式 近距离服务时用体前单臂式，一手抬至腹前	根据客人需求选择挺拔、典雅的站姿，展示良好的精神面貌和服务态度，客人会由欣赏到喜欢，由亲近到信任，从而获得满足的情感
走姿礼仪	（1）步幅适度 前脚跟与后脚尖距离为一脚长。男服务员步幅在40 cm，女服务员步幅在35 cm左右为宜 （2）步位正直 上体挺直，身体重心落在脚掌前部，挺胸收腹，目光平视。脚尖应对正前方，两脚轨迹为一条直线或两条紧邻的平行线 （3）步速平稳 男服务员一分钟走110步，女服务员一分钟走120步。步速适中，体现积极的工作态度 （4）步态优美 女性步态轻松敏捷、端庄健美，男性步态协调稳健、庄重刚毅 （5）摆臂自然 以肩为轴，双臂前后摆动，双手稍向内合，摆幅30°～35°	规范的体态、步幅、步位、步速、步态、摆臂可以展示迎宾人员的端庄、自信、典雅、热忱，以及对客人的尊敬、礼遇和重视
手姿礼仪	（1）基本要领 四指并拢，掌心向斜上方，手与小臂成一条直线，肘与小臂成130°，腋下打开。眼神、站姿、语言要与手势配合 （2）请进手势 右手从体前向右横摆到体侧，与腰同高，眼睛看向右侧 （3）请坐手势 右手从体前向右横摆到体侧，与大腿同高，身体向右前方倾斜 （4）前行手势 手从体前向右横摆，与肩同高 （5）邀请众人手势 双手从体前向两侧横摆，与胸同高	客人进入门厅，迎宾员运用自然优雅、规范适度的手势引领客人，可以准确地表达内心的情感，判断客人的态度，建立友好的人际关系

视频：走姿礼仪

续表

内容	操作要点	作用
引领礼仪	（1）开门进门 外开门，按住把手打开门，请客人先进。内开门自己先进去，倚住门，请客人先进 （2）上下楼梯 上楼客人在前，下楼客人在后，让客人走有扶手的内侧 （3）走廊引领 在走廊侧身走在客人斜前方 1 m 左右的位置，转弯之前停一下，对客人说"请走这边"并指明方向 （4）危机提醒 转弯、转门、有柱子时都要提醒，以免客人受到惊吓	迎宾人员把握距离、讲究方位、选择方式、注意分寸、细心体贴、无微不至，极细小的动作可使客人体会到优质服务的内涵

视频：引领礼仪

综合训练

◢ 站姿礼仪训练

◢ 礼仪角色

请两组学生分别扮演客人和迎宾员。

◢ 礼仪要求

根据客人进出的场景，进行模拟站姿礼仪训练，迎接、送别客人。要求灵活运用，规范操作，体现服务员的风度、礼貌和修养。

- 在岗位站立时，要腿直、腰直、背直、颈直、肩平。立正姿势，两脚自然开立，做到腿、腰、背、颈形成一条直线，使全身骨骼、肌肉伸展，经络血脉畅通。保持姿势端正，挺胸收腹，双手自然地放于背后，两脚平行与肩同宽，严禁倚靠门柱或其他物体。
- 两肩下压，两臂垂直，尽力下伸，紧贴体侧，手腕、手指自然放松。迎宾员站于大门外，不可脱帽子、手放在口袋里或无目的地走动。避免打哈欠、抠鼻、挠耳等动作，如无法控制，应避开他人正面，用手遮掩。
- 颈椎向上伸，抬高下颌，闭嘴，舌尖轻抵上齿龈。保持良好的精神面貌和敏锐的观察力，时刻用眼光扫视整个大堂或大门外的车道；严禁打瞌睡或表现出萎靡不振的样子。

◢ 训练方法

- 背靠墙：后脑、双肩、臀部、小腿肚、脚跟贴墙；头正颈直，集中意念，双目平视或微闭，做 12 次深呼吸。
- 两人背靠背站立。
- 头顶书本，膝盖夹纸。
- 对镜练习。

走姿训练

▲ 礼仪角色

请两组学生分别扮演客人和迎宾员。

▲ 礼仪要求

根据客人进出的场景，进行走姿训练，灵活运用，规范操作，注意把握速度、距离、步位、步态、摆臂。

- 步位：沿直线走，抬头挺胸，观察两脚落地是否在一条线上，至少在一条线的两侧。
- 步幅：走一步正好跨过自己平时穿的鞋，就是适合的步幅。着裙装时步幅宜小，着裤装时步幅可稍大一些。
- 步速：行进均匀，每分钟 80～100 步。有急事可加快步伐，但不要奔跑，以免造成恐慌。
- 步态：男士协调、稳重、刚毅；女士轻松、敏捷、健美。
- 摆臂：以肩关节为轴，双臂前后摆动，双手稍向内合，摆幅 30°～35°。不要左右横摆或以肘为轴。

蹲姿训练

▲ 礼仪角色

请两组学生分别扮演客人和迎宾员。

▲ 礼仪要求

根据客人进出的场景，用优美的蹲姿捡起掉在地上的物品。

- 标准蹲姿：若捡身体右侧的物品，下蹲时应左脚在前，右脚稍后，两腿靠紧，屈膝下蹲，左脚全着地，右脚跟提起，右膝低于左膝，右膝左侧靠于左小腿内侧，形成左膝高、右膝低的姿势。臀部向下，基本上以右腿支撑身体。男服务员两腿之间可有适当的距离，女服务员一定要将腿靠紧。若捡身体左侧的物品，姿势则正好相反。不要双腿平行叉开、低头、弯背、翘臀。
- 交叉式蹲姿：通常适用于女服务员，它的优点是造型优美典雅。基本特征是蹲下后双腿交叉在一起。要求：下蹲时，右脚在前，左脚在后，右小腿垂直于地面，全脚着地。右腿在上，左腿在下，二者交叉重叠。左膝由后下方伸向右侧，左脚跟抬起，并且脚掌着地。两腿前后靠近，合力支撑身体。上身略向前倾，臀部朝下。

手势训练

▲ 礼仪角色

请两组学生分别扮演客人和迎宾员。

▲ 礼仪要求

根据客人进出的场景，进行模拟手势训练，灵活运用，规范操作。

- 请进：手从体前向右横摆到与腰同高，眼睛看向手指的方向。
- 请坐：手向右下，到大腿中部，上身前倾，目光兼顾客人和椅子。

- 请往前走：右手提至齐肩高度，掌心向上，朝指示的方向伸出前臂。
- 诸位请：双手从体前向两侧抬起，与胸同高，上身略微前倾。

开门训练

礼仪角色

请两组学生分别扮演客人和迎宾员。

礼仪要求

根据客人进出的场景，进行开门的礼仪训练，灵活运用，规范操作，注意把握方向、距离、顺序、手势、开门声音的轻重。

- 外开门：按住把手打开门（门把手在左，用右手开；门把手在右，用左手开），请客人先进，自己再进。
- 内开门：按住把手打开门，自己先进去，换手按住门，倚住门板，做请进手势，请客人进来，轻轻关门。
- 开车门：等车停稳后，确定开门的位置（专职司机驾驶，后排为上，以右为尊）；左手将车门打开70°左右，右手挡住上沿，掌心向下。

拓展阅读　社交中的界域

从生物学的角度看，每一个生命都有自己的领空，人们叫它"生物圈"。一旦异物侵入这个领空，就会使其感到不安并处于防备状态。美国心理学家罗伯特·索默经过观察与实验认为，人人都具有一个把自己圈住的心理上的个体空间，它像生物的"安全圈"一样，属于个人的空间。一般情况下，每个人都不想侵犯他人空间，也不愿意他人侵犯自己的空间。双方关系越亲密，人际距离就越短。美国人类学家和心理学家霍尔将人类的交往空间划分为四种区域，这就是社交中的界域语。它包括：①亲密距离（0～45 cm），又称亲密空间。其语义为"亲切、热烈"，只有关系亲密的人才可能进入这一空间，如夫妻、父母、子女、恋人、亲友等。亲密距离又可分为两个区间，其中0～15 cm为亲密状态距离，常用于爱情关系、亲友、父母、子女之间的关系；16～45 cm为亲密疏远状态，身体虽不相接触，但可以用手相互触摸。②个人距离（46～120 cm），其语义为"亲切、友好"，其语言特点是语气和语调亲切、温和，谈话内容常为无拘束的、坦诚的。比如个人私事，在社交场合往往适合于简要会晤、促膝谈心或握手。这是个人在远距离接触所保持的距离，不能直接进行身体接触。个人距离的接近状态为46～75 cm，可与亲友亲切握手，友好交谈；个人距离的疏远状态为76～120 cm，在交际场所任何朋友、熟人都可自由进入这一区间。③社交空间120～360 cm，其语义为"严肃，庄重"。这个距离已超出了亲友和熟人的范畴，是一种理解性的社交关系距离。社交距离的接近状态为 120～210 cm，其语言特点为声音高低一般、措辞温和，它适合于社交活动和办公环境中处理业务等；社交距离的疏远状态为 210～360 cm，其语言特点为声音较高、措辞客气。它适用于比较正式、庄重严肃的社交活动，如谈判、会见客人等。④公共距离为 360 cm 以上，这是人们在较开阔的公共场所保持的距离，其语义为"自由、开放"。它适用于大型报告会、演讲会、迎接旅客等场合，其语言特点为声音洪亮、措辞规范、讲究风格。

案例　用优质的服务来约束客人

　　饭店大厅的休息处坐着几位客人，他们在激烈地争论着什么，其中一位客人在纸上写写画画。忽然，客人似乎写错了，用笔涂了涂，然后将纸团成一团，对准较远处墙边的垃圾桶扔了过去，不料没有扔进，纸团落在了地上，其他客人便开玩笑说："投篮不准。"然后继续讨论着问题。

　　行李员小任刚刚将一个团队客人的行李送上楼层，回到大厅，经过休息处时，发现了地面上的白色纸团，便立刻很自然地捡了起来，放进了垃圾桶。之后，看到了又准备"投篮"的客人，便走上前去，说："先生，我帮您拿过去吧。这儿扔垃圾确实不方便，我马上让清扫员拿一个小垃圾桶给您，请您稍等。"说完，接过客人手上的纸团，扔进垃圾桶，又很快地找到清扫员，让他给客人送上一个小小的纸篓。

评析

　　饭店常常会遇到一些不遵守社会公德的客人，在遇到这样的客人时，饭店不能简单地横加指责，否则不仅会使客人感到没面子，还可能导致客人恼羞成怒，把原本简单的事情变得复杂。本案例服务员小任的做法效果就很好。当小任第一次看到地面上的纸团时，立刻很自然地捡起扔进了垃圾桶，表明他具备良好的清洁意识；而当小任又看到客人即将用纸团进行"投篮"时，并没有对客人的不文明行为加以指责，而是先站在客人的立场上，体谅客人扔垃圾不方便，使客人比较容易接受小任为他提供的进一步的服务，实际上这也是一种约束。然后，小任接过客人手中的纸团，扔进了垃圾桶。最后，再取来纸篓供客人使用。这样的处理方法不仅反映出小任良好的职业素养，而且反映出他有通过自己的服务来约束客人的服务技巧。

　　作为饭店员工，当然希望每一位客人都能具备文明的行为，但是当客人没有做到时，饭店员工应该将"对"让给客人，起到表率作用，以自己优质的服务来约束客人，以对客人的关心让客人对自己的行为感到内疚，并最终使客人在认同中管理自己的行为，这便是通过优质服务来约束客人的真谛。

考核指南

△ 小组练习

学生分成小组，各小组选一位组长带领组员，完成门厅迎宾服务技能操作。

△ 小组评价
- 迎宾员的仪容仪表。
- 迎宾员的站姿、走姿、蹲姿。
- 迎宾员的手势、引导、开门礼仪的规范程序。

△ 综合实训评价

综合评价包括小组之间的互评和教师对各小组工作的系统评价，用于确定个人能力水平和努力方向。如表 2-2 所示。

表 2-2 饭店门厅迎送礼仪学习评价表

内容			评价	
学习目标		评价项目	小组评价	教师评价
知识	应知应会	掌握迎宾站姿礼仪		
		掌握迎宾走姿礼仪		
		掌握迎宾蹲姿礼仪		
		掌握手势礼仪		
		掌握开门引导礼仪		
能力	专业能力	标准的站姿、走姿、蹲姿能力		
		熟练的调度车辆能力		
		规范的开门引领能力		
		优雅的手势运用能力		
	通用能力	组织协调能力		
		解决问题能力		
		沟通表达能力		
		信息整合能力		
		自我管理能力		
态度	主动亲切，热情有礼，周到体贴，无微不至			
教师、同学建议：			评价汇总： A. 优秀 B. 良好 C. 基本掌握	
努力方向：				

第三专题
行李服务礼仪

  饭店的行李服务是由前厅部的行李员提供的,其工作岗位位于饭店大堂一侧的礼宾部,负责代表酒店欢迎客人,回答客人的提问,为客人提供入住和离店时的运送、寄存、保管行李服务;引领进店客人到前台,协助办理入住手续;引领进房并向客人介绍酒店房间设施和其他服务设施;主动帮助客人解决困难。行李服务需要良好的仪态礼仪、递接礼仪、沟通礼仪、交往礼仪。

基础知识

体态语礼仪

体态语言也称为视觉沟通，在沟通过程中占 55% 的信息量，不仅有助于理解别人的意图，而且能使自己的表达更丰富，效果更直接，使人与人之间的关系更和谐。

以下体态应尽量避免。

- 叩桌子，摸扶手。
- 摸杯子：不耐烦。
- 摸鼻子：犹豫、说假话。
- 手臂交叉：防范对方。
- 手插口袋：隐藏信息、心中有事、不振作、不成气候。
- 脚打节拍：恨不得赶快就去。
- 站在角落：没信心、弱势。
- 扬眉：不太相信对方的话。
- 耸肩：没办法。

行李员服务技能

- 微笑欢迎：以微笑点头欢迎抵店的客人并同时鞠躬问好："早上好！欢迎光临。"
- 帮卸行李：主动征得客人同意后为其卸、提行李，并清点行李件数。动作要轻稳，不可用脚踢行李，对易破的行李要注意。客人要自己提取行李时，不可勉强接过来。
- 引导客人：客人办理住宿手续时，应在客人身边等候。引领客人时，要走在客人左前方两三步处，步子要稳。原则：以前为尊，以右为大，女士优先；三人同行，以中为尊，右边次之，左边为末。接近门口或电梯口，应超前为客人开门，请客人先进，出门时亦同。
- 看管行李：立于客人身后约 1.5 m 处看管行李，随时听从客人吩咐和前台服务员提示。
- 送客到房：客人办妥手续后，应主动上前向客人或前台取房间钥匙，引领客人到房间。一路上对客人要热情主动，遇有转弯时，应回头微笑，向客人示意。如果客人有事去别处，要求将行李送入房间，行李员应以客人房间钥匙的号码为准，若未知，要先向前台核实。
- 搭乘电梯：按住电梯门，请客人先入电梯，自己进电梯后应靠近电梯控制台，便于操纵电梯；出电梯时，让客人先出。继续引领客人到房间。
- 入房前：先按门铃再敲门，"您好！服务员。"连续问候三声无反应后，再用钥匙开门。

- 开门后：将房卡插入总开关后，请客人先进入房间。开门后，如果发现房内有其他客人的行李、杂物或房间未打扫干净，应立即退出，并向客人道歉，紧急与前台联系，先找一个邻近且干净的房间让客人休息，待前台人员调整好后再将客人带进房间。客人入房后，如对房间不满意要求更换时，应立即与前台联系为客人换房。如果换后仍不满意，提出再换或换回原来的房间，行李员完成换房工作后应将结果通知前台。
- 随客进房后：将行李放到行李柜上或按照客人的吩咐放好，向客人介绍房间内各种设施的使用方法，然后询问客人是否还有吩咐。若无其他要求，则向客人道别、道谢，祝客人愉快，面对客人后退，轻关房门，迅速离开。
- 寄存行李：客人到前台要求寄存行李，行李员应主动问好："××先生／小姐，您好！请问您要寄存行李吗？"帮客人填写行李寄存单，问清寄存物品："请问您的行李装的是什么东西？""我们酒店规定易燃易爆、食品、易碎品、贵重物品不予寄存。""请问您什么时间取呢？""您能告诉我您的房间号码吗？"最后将客人的行李放置好。

服务技能

行李员是酒店的门面，其一言一行、一颦一笑、一举手一投足可为客人提供服务，为酒店树立形象；其应以端庄的姿态、热情的微笑、恰当的语言、高度的专注，随时为客人提供全面的优质服务；其应站姿优雅，操作规范，服务热情，待客有礼，使客人如沐春风，感受到精神上的享受。

行李员服务规范如图3-1、图3-2所示。

图3-1 行李员服务规范（1）

图3-2 行李员服务规范（2）

- 行李员在工作中要着装整洁，仪容端庄，站姿端正，礼貌值岗，精神饱满，思想集中。
- 客人抵达时，热情相迎，微笑问候。主动帮助客人提携行李，并问清行李件数，记住送客来车号码。若客人坚持自携行李，应尊重客人的意愿，不可强行接过来。在推车装运时，要轻拿轻放，对贵重易碎的行李物品更不能乱扔或重压，以免引起客人的不快。

- 陪同客人到总服务台办理入住手续时，应侍立在客人身侧后两三步处等候，看管好客人的行李并随时接受宾客的吩咐。
- 引领客人时，要走在客人左前方两三步处，随着客人的步伐徐徐前进。遇转弯时，要微笑向客人示意，以体现对客人的尊重。
- 陪送客人乘电梯时，行李员按动电梯控制钮，然后一手挡住电梯门敬请客人先进电梯，随后携行李跟进。电梯到达指定楼层后，关照客人先出电梯再将行李运出。如大件行李挡住客人出路，行李员可先运出行李，然后按住电梯门，请客人出电梯。
- 引领客人进房时，先放下行李，按门铃或用手指敲门通报，里面没有回声再开门。开门后，先打开过道灯。如室内装有节能钥匙孔，则应先把钥匙插入孔中。扫视一下房间确无问题后，则退至房门一侧，请客人进房。
- 进入房间的行李员要将行李轻放在行李架上，箱子的正面朝上，箱把手朝外，便于客人取用。行李全部放好后要与客人核对清楚，确认无差错后，征求客人意见是否需要介绍房间的设备设施及物品摆放情况。如客人无其他要求，应迅速礼貌告别，以免给客人造成等待索要小费的印象。
- 离房前应微笑着说："先生（或小姐、夫人等），请好好休息，再见！"面对客人，后退一步，再转身退出房间，将门轻轻关上。
- 客人离开饭店时，行李员在接到搬运行李的通知后进入客房之前，无论房门是关着还是开着，均要按门铃或敲门通报，听到"请进"声后方可进入房间，并说："您好，我是来运送行李的，请吩咐。"当双方共同点清行李件数后，即可提携行李，并负责运送到车上。如客人跟行李一起走，客人离开房间时，行李员要将门轻轻关上，尾随客人到大门口。
- 安放好行李后，行李员要与大门迎接员一起向客人热情告别，方可离去。

　　行李服务技能突出鞠躬礼仪、问候礼仪、递接礼仪、行走礼仪、电梯礼仪，做到既注重礼仪外在形象，又注重礼仪内涵。礼仪操作要点和礼仪作用如表3-1所示。

表3-1　行李服务礼仪

内容	操作要点	作用
鞠躬礼仪	（1）基本要领 两脚并拢，立正站好，手放体前，弯曲上身，视线下垂，慢慢起身 （2）见面礼 见面礼要求身体前倾30° （3）告别礼 告别礼要求身体前倾45° （4）还礼 还礼要求身体前倾15° （5）最深的敬意 最深的敬意要求身体前倾90°	鞠躬礼可表达对客人的敬意、诚意、歉意、满意，从细节处打动、感动客人，满足客人被尊敬、关注、重视的心理

视频：鞠躬礼仪

续表

内容	操作要点	作用
问候礼仪	（1）问候明了 如"您好""大家好"等 （2）问候生动 如"请问您有什么需要我服务的？"等 （3）交谈适度 如"请问您是×××吧？"等 （4）话语关怀 如"外面冷不冷？"等	根据客人的数量、年龄、地域、身份、熟悉程度、天气等不同情况问候客人，用甜美、动听、亲切、热情的问候语，满足客人个性化服务的需求，避免双关语、忌讳语
递接礼仪	（1）递送文件、名片 双手递接，文件、名片正向对方 （2）递送伞、包 注视双方，伞、包的把手给对方 （3）递送笔、刀剪 笔、刀剪的尖端朝自己或外侧 （4）递送水杯 水杯一手托底，一手握把，杯口朝向客人右手；纸杯握下三分之一外，离杯口稍远一些 （5）递送饮料 饮料商标朝客人，一手托底，一手握距瓶口三分之一处，放在客人右手边，退后一步，欠身轻声说"请慢用"	双方互视、双手递接，主观上尊重对方，客观上方便对方。递接礼仪体现服务的主动性和利他性，给客人美好的视听感受和周到的服务享受
行走礼仪	（1）单人行走 在工作场合应直线行走，靠右行走，脚步要轻。遇有急事可加快步伐，但不要慌张奔跑、冲撞别人；不要从交谈者中间穿行 （2）数人同行 与宾客同行时，应让客人先行；应依次行进，不要逾越 （3）引导来宾 走在客人之前方，侧身保持两三步距离 （4）楼道相遇 宾客从对面走来，服务员主动向右停靠，让宾客先通过，侧身面向，不可背对宾客 （5）向人告辞 先后退两三步，再转身。先转身体，稍后转头	数人同行，引导来宾，楼道相遇，向人告辞，细致周到的行走礼仪，使客人受到尊重、礼遇，保持归属感和尊严感
电梯礼仪	（1）叫电梯 先按呼梯按钮 （2）进电梯 进去控制开关，礼貌地说："请进。"进入电梯，按下目的楼层。尽量侧身面对客人 （3）出电梯 到达楼层，按住开关，做手势请客人先出，自己立刻步出电梯，热诚地引导方向	提前告知，主动反馈，把握距离，注意角度，掌握分寸，换位思考，以真情实意打动客人

视频：行走礼仪

视频：电梯礼仪

综合训练

▲ **应急接待礼仪训练**

⊿ 礼仪角色

请两组学生分别扮演客人和行李员。

⊿ 礼仪要求

行李员根据客人下列进门情景，采取适当的接待礼仪，并阐明这样做的根据。

- 客人进大厅东看西瞧，迟迟不说话。
- 客人听你问候时皱着眉头。
- 多人同时进门，不理睬你。
- 客人刚进门忽然又冲了出去。

▲ **站位、拉门、护顶、摆放行李礼仪训练**

⊿ 礼仪角色

请两组学生分别扮演客人和行李员。

⊿ 礼仪要求

根据客人进出的场景，进行站位礼仪、拉门、摆放行李礼仪等训练，灵活运用，规范操作，体现服务员的风度、礼貌和修养。

- 行李员在门内立正站立，友好地注视客人，并点头问好。
- 为客人拉门时要控制拉门力度，动作要规范，注意不能碰到客人。
- 摆放客人的行李应做到整齐、美观，不妨碍客人行走。

▲ **鞠躬礼仪训练**

⊿ 礼仪角色

请两组学生分别扮演客人和行李员。

⊿ 礼仪要求

根据客人进出的场景，进行鞠躬训练。动作要求两脚并拢，立正站好，手放体前，弯曲上身，视线下垂，慢慢起身。

- 与客人面对面站定时，行李员可双手平放在大腿前面，以胯为轴，上身向前弯曲 30° 左右，视线随着身体而起落，起身的速度略慢。
- 一队客人鱼贯而入时，行李员可双手相握，放在腹前，或者双手自然垂在身体两侧，微微欠身 15° 即可。
- 当行李员在门口与客人告别时，退后两步，向客人鞠躬 45°，依依惜别。
- 当行李员做了错事表示歉意或因客人配合工作表示感谢时，可以 90° 正式鞠躬，表达至诚至真的情意。

▲ **行走礼仪训练**

⊿ 礼仪角色

请两组学生分别扮演客人和行李员。

▲ 礼仪要求

根据客人进出的场景，进行行走训练。要求遵守多人行走原则：以前为尊，以右为大，中间为上；直线行走，脚步要轻。遇有急事可加快步伐，但不要奔跑、冲撞或从交谈者中间穿行。

- 陪同客人：三人行，以中间位为尊，右边次之，左边为末，行李员在最左侧位置；多人行，以最前面为大，越后越小；接近门口，行李员应超前开门，让客人先行；二人行，以客人居右为原则。数人同行，应依次行进，不要逾越。
- 楼道相遇：向右跨开一步，两肩一前一后，侧身面向客人。
- 向人告辞：先后退两三步，再转身；先转身体，稍后转头。
- 进门时：礼让客人，为其开门，让他们先通过。遇有反弹门，走在前面的人应随手按住门以方便随后跟进的人。

△ 电梯服务技能训练

▲ 礼仪角色

请两组学生分别扮演客人和行李员。

▲ 礼仪要求

根据客人进出的场景，进行电梯服务技能训练。

- 叫电梯：遇有赶电梯的客人，要为他按一下"开"键。
- 进电梯：告诉客人去几层，按住电梯门，让客人先上电梯。
- 电梯内：侧身站在操作盘前，与客人保持45°，用余光观察客人。
- 出电梯：先按住开关，用身体挡住门，让客人先出，以手明示并告诉客人方向。

△ 递接物品礼仪训练

▲ 礼仪角色

请两组学生分别扮演客人和行李员。

▲ 礼仪要求

根据客人进出的场景，进行递接物品礼仪训练。

- 递文件、名片：文字正向对方，双手拿上端两角。
- 递伞、包：把手朝向对方，举到胸前。
- 递笔、刀剪：尖端朝向自己，用右手递出，递到对方右手。
- 接名片：双手捧接，认真观看，当面请教。存放于名片夹、公文包或上衣内袋。
- 接箱包：一手提把手，一手托底，立式摆放。

△ 关注客人礼仪训练

▲ 礼仪角色

请两组学生分别扮演进出酒店的客人和行李员。

▲ 礼仪要求

在多个客人进出的情况下，不能立即接待每一位宾客，但绝对不要对客人不理不睬，因为这会令人感觉不受重视；让客人知道你关注到他了，但暂时不能接待他，这样可以消除客人因为等待而产生的不愉快。

▲ 模拟练习
- 鞠躬问候。
- 手势语打招呼。
- 体态语示意。
- 目光交流。
- 微笑。
- 其他方式。

◁ 真挚的问候礼仪训练
- 礼仪角色

  请两组学生分别扮演客人和行李员，一方问候，另一方谈感受。
- 礼仪要求

  问候的效果取决于声音、面部表情和眼睛。
- 向客人问候时，有动作表情但一言不发会令宾客感到不自在或者认为不重视他。
- 若面无表情只有生硬的问候语，则更可能会令宾客感到自己不受欢迎。
- 热情地运用"您好""欢迎光临""请""谢谢""再见"等礼貌用语。一个真诚的微笑、一句真挚的问候，可以让宾客感觉到温馨和周到。尽量记住客人的姓名，特别是贵宾和常住客，带有称呼的问候，会给客人宾至如归的感觉。

拓展阅读　前厅部员工"应做"与"不应做"

一、应做
熟悉客房情况（位置、特点等）及客房设备。
待客尽可能友善，但也不可过于热情。
处事冷静，富有人情味。
努力为酒店争取新的客人，同时留住现有客人。
记住常客的名字并了解他们的爱好。
了解不同国家和民族的人文风俗，尊重客人的习惯。
前厅是一个工作整体，要将同事视为朋友，互相尊重，以礼相待。
尽量向客人介绍酒店设施。这样既可让客人满意酒店的服务，也可增加收益。
把酒店当作自己的家并引以为豪。

保持与客房、餐饮等相关部门的良好合作与沟通。

与旅行社等其他同业单位保持良好关系。

善于预见客人需要——见客人有帮忙的需要时要主动上前询问。

二、不应做

不应对客人傲慢无礼，但冷静不等于傲慢。

不应对工作草率行事，那样只会影响酒店的声誉。

不应在客人面前与同事用自己的方言交谈，应尽量使用客人能懂的语言。

不应在客人面前表露出身体不适的样子，因为这不是客人感兴趣的东西。当班时应保持最佳精神状态。

不应在客人面前流露出疲惫神情，尽管你也许昨晚上了一通宵班。

不应在未征得住客同意前，将探访客人领到房间。

不应与同事聊天而让客人等候。

不应简单地因客人说出房间号码就将钥匙给对方（特别是散客房间）。

不应将酒店服务设施硬性推销给客人。

不应在与客人打招呼或交谈时拘谨、保持缄默。

▲ 案例　先迎前排客人，还是后排客人？

一辆高级轿车向饭店驶来，停靠在饭店门前。迎宾员小李看见车上有三位欧美客人，两位男士坐在车后，一位女士坐在前排副驾位上。小李上前一步，以麻利规范的动作，为客人打开后门，做好护顶，并向客人致意问候。关好后门，小李迅速走到前门，准备以同样的礼仪迎接那位女士下车。但那位女士满脸不快，使小李茫然不知所措。

▲ 评析

通常后排座为上座。优先为重要客人提供服务是饭店服务程序的常规，但女士优先又是社交场合应遵循的礼仪与习惯。作为服务员应灵活执行服务程序，正确处理服务规范与文化习俗之间的关系。

考核指南

▲ 小组练习

学生分成小组，各小组选一位组长带领组员，完成应急接待、站立、拉门、关注、问候、交谈等服务技能项目。

△ **小组评价**

评价内容包括来客服务时语言的表述，体态语的使用，注意力的敏感度、集中度、应变度。

△ **综合实训评价**

综合评价包括小组之间的互评和教师对各小组工作的系统评价，确定个人能力水平和努力方向。如表3-2所示。

表 3-2　行李服务礼仪学习评价表

内容		评价	
学习目标	评价项目	小组评价	教师评价
知识　应知应会	掌握站位、拉门礼仪		
	掌握不同情况下的鞠躬礼仪		
	掌握陪同客人行走的礼仪		
	掌握电梯服务礼仪		
	掌握多种问候客人的礼仪		
	掌握递接物品的礼仪		
	掌握关注多位客人的礼仪		
能力　专业能力	应急接待能力		
	站位、拉门、摆放行李能力		
	灵活运用鞠躬礼的能力		
	行走及电梯服务能力		
	规范递接物品的能力		
	同时关注多位客人的能力		
通用能力	语言表达能力		
	沟通能力		
	应变能力		
	换位思考能力		
	组织协调能力		
态度	态度耐心、细致、周到、主动		
教师、同学建议：		评价汇总： A. 优秀 B. 良好 C. 基本掌握	
努力方向：			

第四专题
VIP礼宾服务礼仪

　　VIP是指身份高、知名度高、对酒店的经营有极大帮助和影响的宾客，所以，接待好VIP是酒店一项重要的工作，也是酒店服务质量好和服务标准高的体现，更是一家酒店团队合作精神的重要体现。从社会效益和经济效益出发，饭店要特别注重建立和维护与贵宾的关系，精心提供个性化服务，追求服务的卓越与客人的惊喜，提升贵宾的满意度。

基础知识

▲ 饭店管家服务

"管家服务"是更专业和私人化的贴身服务,它是集饭店前厅、客房和餐饮等部门的服务于一身的服务。下榻饭店的贵宾将得到一位指定的专业管家专门为其服务,贵宾的一切服务需要如接送、行李、入住、叫早、用餐、洗衣、订票、旅行及秘书等,都由这位贴身管家负责。

管家不但要具备良好的服务意识和饭店综合知识,还需具备极强的沟通和协调能力,经过严格选拔和专业培训的优秀服务人员才能胜任。饭店管家服务将会从目前的时尚服务转化为常规服务。经过饭店的培养和自身磨炼,今后会涌现出许多能够为客人提供较高水准的高度个性化服务的管家。

▲ 中国人民解放军三军仪仗队

中国人民解放军陆、海、空三军仪仗队隶属于北京卫戍部队,与军乐队、礼炮队共同承担着不同规格的司礼任务。三军仪仗队通常分为三种规格:最大阵容由 151 人组成,用来迎接外国首脑;第二种由 127 人组成,用来迎接外国军队的高级将领;第三种是由 101 人组成的单军种仪仗队,用来迎接外国军队的单军种司令。此外,仪仗队还担负着外国领导人向天安门广场人民英雄纪念碑献花圈等重大活动及升旗的仪仗任务。

仪仗队队员的选拔,在建队初期是从全军训练好的新兵中挑选。20 世纪 60 年代开始从全国各地征选。选拔条件非常苛刻,男兵身高要在 180—190 cm 之间,体重 80 kg 左右;女兵要在 173 cm 以上,且五官端正、目光有神等。

▲ 鸣放礼炮礼仪

鸣放礼炮最早起源于英国海军,早期英国殖民地遍及全球,为了显示其强大的实力和地位,英国要求其他国家在其海军进港或经过他国炮台时鸣放礼炮。据说从 1730 年开始,英国海军就向国王和王后鸣放 21 响礼炮。1875 年,美国国务院与英国驻美公使达成协议,规定鸣放礼炮是迎宾的最隆重的礼节,21 响最隆重,19 响次之。因为当时认为双数不吉利。现代鸣放炮数的多少,代表了两国关系和对对方的尊敬程度。

礼炮响数的多少依据受礼人的身份高低而定。现在国际通行的惯例是:21 响为迎送国家元首,19 响为迎送政府首脑,17 响为迎送副总理级官员。鸣炮的时间一般是在贵宾到达或离开时进行。

1984 年 2 月，中国政府决定在为外国国家元首和政府首脑访华举行欢迎仪式时鸣放礼炮。

▲ 礼宾次序

礼宾次序是指国际交往中对出席活动的国家、团体、各国人士的排列次序。礼宾次序体现东道主对各国宾客的礼遇，在一些国际性会议上则表示各国主权平等的地位。礼宾次序安排不当或不符合国际惯例，会引起不必要的争执与交涉，甚至影响国家关系。

礼宾次序的基本排列有以下 3 种。

- 按身份、职务高低与等级排列（身份高的排在前面）。
- 按英文字母顺序排列。
- 按通知代表团组成的日期先后排列。

我国传统的礼仪以左为上位，为了与国际接轨，在对外交往活动中，我国根据国际上通行的以右为上的做法安排礼仪活动。

▲ 国旗的悬挂

- ▲ 悬挂国旗的惯例：在建筑物上或在室外悬挂国旗时，一般应日出升旗，日落降旗，升国旗一定要升至杆顶。国旗不能倒挂。升降国旗时，要立正脱帽行注目礼。悬挂双方国旗时，按国际惯例，以右为上，左为下。两国国旗并挂，以旗本身面向为准，右挂客方国旗，左挂本国国旗。汽车上挂国旗，则以汽车行进方向为准，驾驶员左手为主方，右手为客方。主客，以举办活动的主人为依据。
- ▲ 国旗排序：当我国国旗与其他旗帜前后排列时，我国国旗排于前列。国旗与其他旗帜并排升挂，国旗位居右侧。国旗与其他旗帜高低排列时，国旗处于高位。在我国境内升挂外国国旗，必须同时升挂中国国旗。中国国旗与多国国旗并列升挂时，中国国旗应处于荣誉地位。在同一旗杆上，不能升挂两国的国旗。

▲ 接待远道来访的重要人物

- ▲ 应派身份、地位与对方相称的人至机场迎接。
- ▲ 在客人房间摆放花卉或客人喜欢的饮料、酒、水果、巧克力等，让客人有温馨的感觉。

- 客人停留期间应先替其定好行程。通常为来客安排的第一天活动应简单轻松。
- 请教客人在此期间是否有老朋友来拜访。
- 为客人简介来访的城市或送客人一本导游手册,并随时提供舒适、便利的交通服务。
- 在正式场合,应隆重地将客人介绍给大家。
- 在每次会议之前,为远客准备一份详细的介绍或报告,帮助其了解每位与会者的情况。
- 如果客人的中文不够流畅,应为其指派一名熟练的翻译人员。
- 在访问期间,公司的高级主管应以私人宴会来欢迎客人。
- 用餐时,无论何时端上酒,主人都应向贵宾敬酒。

服务技能

VIP 迎送是酒店给贵宾的最高礼遇。整个酒店应高度重视安全保卫工作,力争实现"有特色、有针对性、高水平"的接待服务目标。根据需要,升降贵宾国国旗、中国国旗、店旗或彩旗等。升旗仪式庄严、肃穆、优雅、高贵;迎宾员的站姿挺拔、自然、大方、端庄,表现出一种威武、阳刚之美。

VIP 礼宾服务技能突出升旗礼仪、体姿礼仪,做到既注重礼仪外在形象,又注重礼仪内涵。礼仪操作要点和礼仪作用如表 4-1 所示。

表 4-1　VIP 礼宾服务礼仪

内容	操作要点	作用
升旗礼仪	(1) 礼宾次序 　按身份高低排列;按英文字母顺序排列;按通知代表团组成的日期先后排列 (2) 悬挂国旗 　以右为上,左为下;以前为上,后为下 (3) 升旗礼仪 　动作庄严、优雅,升旗规范、标准	迎宾员熟悉礼宾次序、国旗的悬挂,会操作升旗,表现出对 VIP 衷心的欢迎和最高的礼遇之意,并呈现期望客人再次光临之情
体姿礼仪	(1) 基本步伐 　正步铿锵 (2) 站姿挺拔 　站姿挺拔、大方、端庄 (3) 表情 　目光有神,表情坚毅	迎宾员神采奕奕、不卑不亢,服务细致周到,表现出对贵宾的尊重、重视

视频:升旗礼仪

视频:体姿礼仪

综合训练

▲ 表情训练

表情是对仪仗队队员内在气质、修养等多方面的检验。每个迎宾员面对国旗、贵宾时要神采奕奕、不卑不亢、自然大方。在迎风、迎光的条件下训练眼神，30 s 不能眨眼、不能流泪；透过他们的目光，体现出的是迎宾员的精、气、神，是中国人的人格、国格。

▲ 升旗动作训练

在总结以往经验和国际惯例的基础上，对迎宾员进行规范的升旗动作训练。

▲ 军姿训练

军姿是最基本的姿态，也是升旗手的必修科目。在迎宾仪仗队中，每一个迎宾员的站姿都要挺拔、自然、大方、端庄，并能在炎炎烈日和凛冽寒风中纹丝不动地站立一小时以上。

▲ 正步训练

正步走是迎宾员的基本步伐，也是最基本的训练科目，同时也是对他们的毅力和耐力的培养与锻炼。

拓展阅读　金钥匙

在中国高星级酒店华丽的大堂里，一批身着考究的西装或燕尾服、衣领上别着一对交叉的"金钥匙"徽章的年轻人，在委托代办（Concierge，即客人委托，员工代表酒店为客人代办）柜台彬彬有礼、笑容满面地为客人提供全方位的服务。他们潇洒的举止和机敏的动作常常引起宾客的好奇，他们忙碌的身影和专业的笑容成为高级酒店大堂的一道风景线。他们所提供的个性化服务被称为"金钥匙服务"。

一、"金钥匙"的由来

1929 年，法国酒店中一群拥有丰富服务经验的委托代办礼宾司们给客人提供尽善尽美的专业化服务。这些服务包括从代办修鞋补裤到承办宴会酒会、充当导游等大大小小的服务，其目的是为客人提供一般酒店所没有的"有一定难度"的个性化服务。他们当中以费迪南·吉列先生为代表，他把委托代办服务上升为一种理念，并把一群志同道合的酒店委托代办员组织起来，成立了一个酒店专业化组织——金钥匙组织。在此基础上于 1952 年成立欧洲"金钥匙"组织，总部设在巴黎，每年召开一次国际金钥匙组织年会。1972 年在西班牙举行的第 12 届国际金钥匙组织年会上将其发展成为一个国际性的酒店服务专业化组织，其服务理念开始在全球推广。

1997 年 1 月，在意大利罗马召开的第 44 届国际金钥匙组织年会上，各成员国投票一致通过接纳中国成为该组织的第 31 个成员国。而早在 1990 年底，在广州白天鹅宾馆负责前台礼宾部工作的叶世豪，就加入了国际金钥匙组织，他是中国首位金钥匙会员。

二、"金钥匙"服务

"金钥匙"既是一种专业化的服务，又是一个国际化的民间专业服务组织。此外，它还是对具有国际金钥匙组织会员资格的酒店礼宾部（有的酒店称为委托代办）员工的特殊称谓。只有他们才有资格在由金钥匙组织指定的燕尾服上带上交叉的金钥匙徽章。

"金钥匙"服务是酒店内由礼宾部员工（如具有国际金钥匙组织会员资格可称为"金钥匙"）为实现其为所在酒店创造更大的经营效益的目的，按照国际金钥匙组织特有的金钥匙服务理念和由此派生出的服务方式为客人提供"一条龙"的个性化服务，这种服务通常以委托代办的形式出现。

徽章由两把金光闪闪的交叉金钥匙组成，两把交叉金钥匙代表酒店委托代办的两种主要职能：一把金钥匙用于开启酒店综合服务的大门；另一把金钥匙用于开启该城市综合服务的大门。也就是说，这些金钥匙成为酒店内外综合服务的总代理。

"金钥匙"的服务理念是：尽管不是无所不能，但一定要竭尽所能。

▲ 案例　没完没了的"您好，先生！"

一天中午，一位住店的外籍客人想到饭店的花园里散步，走出饭店的电梯，站在梯口的应接服务员小红很有礼貌地向客人点头，并且用英语说："您好，先生！"客人微笑地回答说："你好，小姐。"当客人走到大厅时，迎面走来一位服务人员，以同样的话问候："您好，先生！"那位客人微笑地点了一下头，没有开口。当客人走出大门时，门童小王又是同样的一句："您好，先生！"这时客人只是下意识地点了一下头了事。等到散完步重新走进大门时，小王的"您好，先生！"声再次传入客人的耳中。此时，这位客人已感到不耐烦了，默默无语地径直去乘电梯准备回客房休息。恰巧在电梯口又碰见小红，自然又是一成不变的套路："您好，先生！"客人实在不高兴了，装作没有听见，还皱起了眉头，而小红还丈二和尚摸不着头脑！

△ 评析

每一家饭店都规定服务员在遇到客人时必须使用敬语问候，但是在对客人使用礼貌问候用语时，应该是出于真心的问候，而不应只是简单地重复。这就需要饭店服务人员在实际工作中，使用生动而丰富多彩的敬语，尤其是在短时间内多次和某位客人照面时，服务员就更应该灵活、交替地使用不同的敬语来问候客人，使其产生亲切感和新鲜感，而不是每次都说"您早，先生（夫人、小姐）"" 您好，先生……"让客人感到厌烦，也让自己感到工作的单调和简单重复。

本案例中客人的生气是完全可以避免的。尽管每位服务员的问候本身并没有错，但同样的问候在短时间内多次使用，会使客人听了非但不觉得有亲切感，反而产生厌恶感。另外，因为服务员在客人进出多次后尚不认识他，使客人感到不被重视，也增加了客人对简单重复问候语的反感。因此，服务员不能拘泥于规范，而应灵活地使用敬语。尤其是当小红和小王第二次遇到客人时，简单地微笑并点头致意或许更能令客人感到温馨和礼貌。

考核指南

△ 小组练习

学生分成小组，各小组选一位组长带领组员，完成迎接贵宾、升旗礼仪操作。

△ 小组评价

评价内容包括升旗时的军姿、正步、动作；迎接贵宾时的表情。

△ 综合实训评价

综合评价包括小组之间的互评和教师对各小组工作的系统评价，用于确定个人能力水平和努力方向。如表4-2所示。

表 4-2　VIP 礼宾服务礼仪学习评价表

内容			评价	
学习目标		评价项目	小组评价	教师评价
知识	应知应会	高度个性化服务的礼仪技巧		
		迎宾员的军姿、正步、表情礼仪		
		掌握升旗的规范操作礼仪		
能力	专业能力	目光有神，表情坚毅		
		规范地走正步		
		能规范地站军姿		
		规范施行升旗操作		
	通用能力	组织能力		
		语言表达能力		
		自我管理能力		
		沟通能力		
		协作能力		
态度		亲切问候，热情有礼，有求必应		

教师、同学建议：

评价汇总：
A. 优秀
B. 良好
C. 基本掌握

努力方向：

第二模块
前台服务礼仪

前台服务是饭店的"脸面"和名片,其服务礼仪对于塑造饭店形象有着非常重要的作用。前台服务礼仪一般包括前台办理入住礼仪、前台问讯礼仪、前台结账退房服务礼仪、投诉处理礼仪。

学习目标

·知识目标
1. 了解给客人良好第一印象的重要性,提升客人对饭店的满意度。
2. 掌握前台办理入住和结账退房的接待礼仪及服务要点。
3. 掌握投诉处理的原因、类型,并掌握投诉处理时的技巧和原则。

·能力目标
1. 具备良好的服务能力,能快速处理和满足客人抵店时的需求。
2. 具备为客人办理入住的服务能力,做到账目清楚,记账准确,并及时整理客人资料和归档。
3. 具备运用服务技巧处理客人投诉、改进工作中的不足、努力提升客户满意度的能力。

·素养目标
1. 忠于职守、精通业务、保护客人的个人信息,以及尊重客人隐私的服务意识。
2. 养成对账务制度清楚并能准确结算的职业习惯,树立不贪财、不敛财的品德。

第五专题
前台办理入住礼仪

　　饭店前厅部的主要服务机构通常设在客人来往最为频繁的大堂。大堂是宾客第一个接触的部门,任何客人一进店,就会对大堂的环境艺术、装饰布置、设备设施和前厅部员工仪容仪表、服务质量、工作效率等,产生深刻的第一印象。其服务质量与素质的好坏,代表了酒店的形象及声誉,直接影响到宾客对酒店的评价,也反映了饭店的服务质量和管理水平。入住办理既能满足客人抵店时的迫切需求,又会形成客人对饭店的第一印象,因此要特别讲究礼仪。

基础知识

▲ 前台服务员的仪容

- ▲ 制服：穿着完整、清洁、合身。
- ▲ 头发：男士头发不得过长、油腻、有头皮屑；女士头发梳洗整齐，长发要绑好，只宜戴轻巧大方的发饰，头发不得掩盖眼部或脸部。
- ▲ 脸部：男不蓄须，脸部要清洁宜人；女不抹太多脂粉，只宜稍做修饰，淡扫蛾眉，轻涂口红，轻抹胭脂便可。
- ▲ 口部：口气清新，上班前忌吃有强烈刺激气味的食物。
- ▲ 手部：不得留长指甲，指甲要清洁无垢，女士指甲油不宜涂鲜红的，只可用淡色的。
- ▲ 脚部：男士宜穿清洁的鞋袜。鞋子每天上班前要擦亮，女士适宜穿肉色的袜子。
- ▲ 气味：保持身体气味清新，不得有异味；不得用香味浓烈的香水。

▲ 前台服务员的礼貌

- ▲ 工作时面带自然的笑容，表现出和蔼可亲的态度，耐心地为客人服务。
- ▲ 在工作岗位上不能做小动作，打哈欠要掩口，不要搔痒、挖鼻、掏耳、剔牙。不得咀嚼口香糖、吸烟及吃东西。不得在工作时阅读报刊、书籍。
- ▲ 留心倾听客人的问题，再清楚地解答；不懂时说"对不起，先生/女士，我不是很清楚，我帮您查一下，马上给您回复好吗？"如遇到客人对某事情外行或不能随俗之处，不得取笑客人。
- ▲ 客人来到，马上放下正在处理的工作，礼貌地问安，表现出专业的风采。尽量牢记客人的姓氏，在见面时能称呼客人"×先生/女士，您好！"
- ▲ 工作要快且准。在前台工作时，不时留意周围环境，关注客人。
- ▲ 站姿要端正，不得摇摆身体、倚墙而立、蹲在地上、扮鬼脸做怪动作。走路时，不可奔跑，脚步应轻快无声。
- ▲ 除了工作上应交代的事，不得谈私事，不得争论，不说污言秽语。
- ▲ 不得擅自将柜台电话作私人之用，如遇急事可请求上司用后台的电话。
- ▲ 用词适当，不可得罪客人，亦无须阿谀奉承，声音要温和，表达要清楚。
- ▲ 若客人的问询超出自己职权或能力范围以外，应主动替客人联系别人，而不得随便以"不知道"回答甚至置之不理。

▲ 前台服务员接电话时的礼仪

- ▲ 电话铃响10 s内及时接听电话，先自我介绍，并致以诚挚的问候，结束通话时向客人真诚致谢，确认客人已完成通话后再轻轻挂断电话。
- 使用文明礼貌语言，讲普通话及外语，养成良好的语言习惯。如接到电话先说"您好"，接通电话后说"请讲"。
- 语调亲切，音色柔和、悦耳，发音准确，语速适中，音量适宜，语气谦逊、诚恳。
- 语言简练，用词准确，不让人误解。
- 要有耐心，如分机占线，应说"对不起，分机占线，请稍候片刻"或"对不起，线路正忙，请过一会儿再打来"；如通话人有疑问，应耐心解释。
- 对顾客的投诉应虚心倾听，诚恳致歉，并尽快解决，不能拒绝或中断谈话。
- 注意保密，听到的任何通话都不能外泄，以维护单位的声誉。

▲ 前台服务员订房礼仪

前台服务员必须熟知酒店的全部客房情况，比如客房的朝向、朝夕照亮的程度、安静程度等，尽量满足客人的需求。

- 客人到达酒店打过招呼之后，如有订房必须立即取出订房卡，如无订房应向客人介绍房间，等客人答应之后，即请客人登记，并立即决定合适的房号。对客人姓名的读法、写法有疑问时，应及时请教。待登记完毕，如客人需要行李员陪同，则将房卡交给行李员引领客人至房间。如不需要行李员则直接将房卡双手递到客人手中，并与客人确认房号。
- 今日的订房必须于前一天确认。确认订房时，不必报给房号，否则，因酒店方面原因造成的换房会给客人甚至酒店带来不必要的误会和麻烦。
- 客人说已有订房资料时，不可回答"不知有此订房"，应立即选出合适的房间。
- 客人来到前台时，服务员可告诉他"我们已准备了一个您喜欢的好房间，这个房间眺望良好，冬天有日照，北向极静……"强调其优点。
- 订房客人进入客房之后，前台服务员宜以电话探询："这房间您觉得如何？"也可以等客人再度出现时询问。
- 客人如说"由某某人介绍来"，设法探知介绍者的住所，以便由经理去函致谢。
- 将预订客人的姓名、到达时间做成副本，事前分送客房服务台、服务中心及门卫等。自客人下车至入客房，各部门人员能直呼客人姓名并打招呼，以赢取良好的第一印象。
- 客满时，为客人介绍附近的酒店，使客人对本店有信心，从而招来更多的客人。

▲ 基本的服务语言技巧

- "破译"法：利用其他言词作衬托，以了解对方说话的方法。如客人说："我叫李bì。"服务员问："请问是碧绿的'碧'，还是璧玉的'璧'？"客人答："是璧玉的'璧'。"可见，"bì"这个音是靠碧绿、璧玉这样一些衬托才"破译"明确的。在运用"破译"法时，要注意衬托词的感情色彩、褒贬义，以免产生误解。如客人说："我叫王 fú。"服务员问："是祸福的'福'吗？"就不如"是幸福的'福'吗？"这句好。

- 替补法：利用别的言词替补出客人没有说出的话。客人表达不清或者不便明说时，就要运用替补法。需要说出时，就帮客人说明；不需要说出时就心领神会，尽力帮忙。运用替补法，同样要注意结构衬托。如服务员说："欢迎您，请问您预订房间了吗？"客人稍显犹豫，没有答话。服务员心领神会，说："没关系，二楼还有一间南向双人房，面向花园，很幽静。我想您会满意的。"是否替客人点明，要靠服务员细心观察。如一位戴墨镜的客人前来发电报，服务员说："这是电报纸，请用正楷字填写。"客人半天也未写一个字，服务员猜测客人可能不识字或者看不见，说："我可以帮忙吗？"
- 意合法：通过转换句式，贴切地领会客人所说的内容。比如这句话："到东方乐园，她去，我去。""她去""我去"，两个分句之间的关系可以有多种理解。服务员可以用意合法，添加关联词语选用不同的句式来表现不同的语义关系，"她去，（还是）我去？""她去，我（也）去。""她去？我去！"这样会迅速领会对方的意思。

服务技能

前台接待员距离客人 3 m 处有目光接触，距离 1.5 m 处问候客人，立即用甜美的微笑、动听的声音给予真诚、主动的问候。获知客人姓名后，马上以姓氏尊称客人。用恰当的语言，站在客人的角度，为客人提供参考建议，在 3 min 之内办完入住手续。

前台接待员办理入住登记时，应精神饱满、主动热情："您好！先生/女士，欢迎光临，请问您是办理入住吗？"然后请客人填写住宿登记单，礼貌地查验证件，要做到三清、三核对，交还并致谢："谢谢您，请收好。"根据客人的要求安排房间。把房间钥匙交到客人手中时，告知客人房号时，声音不宜过大，要对客人的信息保密，"这是您的房间钥匙，请拿好。祝您愉快！"

办理入住服务礼仪突出仪容服饰礼仪、接打电话礼仪、递接物品礼仪、语言交流礼仪，并懂得所突出礼仪的作用，做到既注重礼仪外在形象，又注重礼仪内涵。礼仪操作要点和礼仪作用如表 5-1 所示。

表 5-1　前台办理入住礼仪

内容	操作要点	作用
仪容服饰礼仪	（1）服饰礼仪 　　工装整洁得体、纽扣齐全，服务牌佩戴在外衣左上方。黑色皮鞋光亮、布鞋洁净 （2）发型礼仪 　　头发整齐，无头屑，男士发长不盖耳 （3）仪容礼仪 　　整洁美观，口气清新，男服务员不留胡须 （4）化妆礼仪 　　女服务员化淡妆	服务员服饰规范，发型标准，仪容整洁，妆容淡雅，精神饱满，心情愉快，给客人留下良好的第一印象
接打电话礼仪	（1）接听迅速 　　铃响三声之内接起，左手拿话筒，右手记录 （2）语言简洁 　　按结论—理由—细节—经过的顺序讲话 （3）态度亲切 　　使用敬语，先轻按键，再放话筒，语言简洁，以祝福语结束，让对方先挂断电话	接打电话时动作迅速、语言简洁、态度亲切，用目光与其他客人交流
递接物品礼仪	（1）尊重对方 　　举到胸前，双手递出，物品正面朝向客人，送到客人手中，提醒客人妥善保管 （2）目光接触 　　递房卡（钥匙卡）、客人证件、押金收据时，目视对方眼睛到下巴之间的部位 （3）双手递接 　　双手接过客人的证件、预订确认书，欠身点头致意	尊重客人，方便客人，超出客人的期望
语言交流礼仪	（1）问候礼仪 　　客人抵店时，微笑鞠躬问候："×先生或（×小姐），您好！" （2）征询礼仪 　　识别客人有无预订："请问您有预订吗？"诚恳征询客人需求："请问还有可以帮助您的吗？"请客人在登记表上签字："麻烦您在这儿签名。" （3）道歉礼仪 　　工作失误或给客人带来麻烦时说："对不起，因为我们的失误给您带来不便，我们深表歉意。"	确认房号、房价和日期；问清付款方式，复述客人的入住需求，听取客人意见，直到客人满意

视频：仪容服饰礼仪（2）

视频：接打电话礼仪

视频：递接物品礼仪

视频：语言交流礼仪

综合训练

 仪容仪表服饰礼仪
　▲ 礼仪角色

请学生四人一组互相检查。

▲ 礼仪要求

- 容貌端正，修饰得体，衣着整洁美观。
- 保持面部洁净，口腔卫生。女员工可以适度化妆。
- 保持头发干净，长短适宜。
- 保持手部清洁，指甲较短。
- 统一着装。工装干净整洁、外观平整、搭配合理。
- 佩戴胸卡，标明饭店标志、所在部门、员工姓名。

△ **仪态动作礼仪**

▲ 礼仪角色

请学生扮演接待员和客人。

▲ 礼仪要求

- 站立时，应头正肩平，身体立直，根据不同的站姿调整手位和脚位。男士抬头挺胸，双脚与肩同宽，重心分落两脚，肩膀放松。女士双手握于腹前，丁字步站立。
- 入座应轻稳，上身自然挺直，头正肩平，手位、脚位摆放合理，合理使用不同的坐姿。
- 下蹲服务时，应并拢双腿，侧向客人。
- 行走平稳，步位准确，步幅适度，步速均匀，步伐从容。靠右侧行走，遇到客人要主动问好。上下楼梯时，应尊者、女士先行。多人行走时，不要并排行走。
- 引领手势舒展大方，自然得体，运用时机得当，幅度适宜。
- 注视礼和微笑礼恰当。与客人交流时，正视对方，目光柔和，表情自然，笑容真挚。

△ **对客迎送服务礼仪**

▲ 礼仪角色

请学生扮演接待员和客人。

▲ 礼仪要求

- 迎送客人时，选择合理的站位，站立端正，微笑着目视客人。正确使用肢体语言和欢迎、告别敬语。用客人姓名和尊称称呼客人。
- 自我介绍时，目视对方，手位得体，实事求是。介绍他人时，手势规范，先后有别。
- 与客人握手时，应明确伸手的顺序，选择合适的时机，目视对方，亲切友善。把握握手的力度，控制时间的长短，根据不同对象做到先后有别。
- 行鞠躬礼时，应面对受礼者，自然微笑，身体前倾到位。行礼时，应准确称谓受礼者，合理使用礼貌用语。
- 在不同的场合向客人施行不同的致意礼。行礼时，次序合理，时机得当，自然大方。

- 向客人递送名片、表格、笔、零钱时，用双手或托盘，将物品的正面朝向客人，直接递到客人手中。递送带尖的物品时，尖应朝向自己或朝向他处。使用礼貌用语。收受名片时，应双手捧接，及时致谢，认真拜读，正确称谓，礼貌存放。
- 服务人员多次与同一位客人相遇，应使用不同的问候语。在走廊遇到客人或必须从客人面前通过时，应缓步或稍停步，向旁边跨出一步，礼貌示意客人先行。
- 进出有客人的房间时，服务人员应站立端正，平视门镜，敲门并通报身份。见到客人时应礼貌问候。离开房间到门口时，应面对客人退出房间。开关房门动作应轻缓。
- 出入无人服务的电梯时，引导者应先入后出。在电梯轿厢内，引导者应靠边侧站立，面对或斜对客人。中途有其他客人乘电梯时，引导者应礼貌问候。出入有人服务的电梯时，引导者应后入先出。

服务用语训练

动画：前台服务用语训练

▲ 礼仪角色

请学生扮演接待员和客人。

▲ 礼仪要求

- 遵守语言规范，服务用语符合服务对象以及特定的语言环境。
- 使用规范的服务用语以及易懂的语言，称谓恰当，用词准确，语意明确，口齿清晰，语气亲切，语调柔和。

模拟对话一

接待员：您好，先生，欢迎光临，请问您是办理入住吗？

客人：是的。

接待员：请问您有预订吗？

客人：是的，××公司昨天给我预订的。

接待员：请问预订客人的姓名，我帮您查询……抱歉让您久等了，您是张先生，对吗？

客人：是的。

接待员：××公司给您预订了今天至后天，也就是8月9日至11日的一间豪华套房。请出示您的证件，谢谢。

客人：好的，给你。

接待员：好的，我为您安排的豪华套房既漂亮又舒适，您一定会喜欢的。房号是1718，在17楼，请问还有什么可以帮您的吗？

客人：没有了。

接待员：您的所有费用都由××公司来结算，请确认入住登记表上的内容，在这里签字。

客人：好的。

接待员：张先生，请问您对房间有特殊要求吗？

客人：暂时没有。

接待员：谢谢，这是您的身份证、房卡和钥匙，请您保管好。现在是晚餐时间，客人们都非常喜欢饭店中的美食，欢迎您前去品尝。

客人：好的。

接待员：请走好，电梯在您身后，祝您居住愉快。

客人：谢谢。

模拟对话二

小组讨论，哪个是最佳答案？

（1）一位客人向前台走来，服务员应该微笑着说：

　A."您好，需要房间吗？"

　B."您好，有什么可以帮您？"

（2）熟人陈经理来到前台，服务员应该问候：

　A."您好，陈经理，见到您很高兴，能为您做点什么吗？"

　B."欢迎光临，我可以帮忙吗？"

　C."陈经理，见到您很高兴！"

（3）办理客人入住登记核对证件时，服务员应该对客人说：

　A."王先生，请您出示身份证。"

　B."王先生，需要看一下您的身份证。"

　C."王先生，看一下您的身份证好吗？"

拓展阅读　四种酒店销售模式比较分析

1. 携程模式

携程模式通过先发优势，利用互联网将数量众多的酒店产业链资源供应商绑在一起，并聚集相当庞大的用户群，通过全网的酒店和机票产品预订来获取代理销售佣金，实现盈利。目前，以携程网为代表的返佣是主流模式之一。

2. 团购模式

团购模式以大幅度的折扣来吸引用户购买，如携程旅行、美团、淘宝、去哪儿等互联网企业纷纷推出酒店的特价团购栏目，利用团购这一便捷的模式拉动消费，吸引更多的客户。但团购模式会对酒店的正常渠道产生冲击，所以许多酒店在使用这种模式时都会比较谨慎。

3. 今夜模式

针对酒店客房产品具有不可储存性的特点，手机客户端推出的"今夜酒店特价"成为受消费者青睐的软件。酒店期望通过这种方式在最后一分钟用超低价卖掉客房，而客人也可以节省一大笔房费。但这种方式延续了团购的致命弱点，将酒店的低价公之于世，并且难以确定目标用户群到底有多大。商旅客户使用这种模式的可能性不大，本地消费人群的需求也有限，所以最终的收益无法准确预测。

4. 模糊预订模式

模糊预订模式是用户定价、酒店应价的模式。用户提供酒店的地理区域、星级和预算价格等信息，由预订系统找到符合用户要求的酒店，并按用户的预算价格成交。这种方式找到了酒店和用户价值的最佳契合点：对酒店而言，希望将空余的房间销售出去，同时不能堂而皇之地公开打折，于是采取模糊的方式销售；对消费者而言，可能得到比公开渠道低得多的酒店客房价格，但缺点是事先无法选择固定的酒店，也不能取消和更改。

案例　挽留晚到的预订夫妇

"五一"假期的第一天，某饭店除套房外，客房全部住满了。晚上9点左右，一对青年夫妇拿着预订确认书来到饭店总台要求住宿。他们这次旅行结婚在半个月之前就在该饭店预订了一套标准间，连住三天，因天气不好，飞机误点，刚抵店，已经超过了约定的最晚到达饭店的时间。面对这种情况，总台接待员只好一边向客人道歉，安抚客人，一边请示饭店值班经理怎么办？

值班经理把一间因为地毯破损计划维修的房间临时调给年轻夫妇，并解释道，房间不受影响和正常房间一样，并询问夫妇是否可以接受，如果接受不了还有一间大套房，但是价格要多800元。值班经理看客人迟疑了一下，就说："这样吧，我带您二位去看看那个要维修的房间，您觉得不合适再看下套房"，这对夫妇看完觉得房间很正常，只是地毯应该是被吸烟的客人烧坏了几处，不影响住宿，很快就办理了入住。

评析

尽管客人抵店的时间已经超过了饭店规定的订房时间，但还应以灵活的方式处理好此事。值班经理亲自带客人看房间，并说明套房情况，给客人以选择空间，客人也能理解酒店房间紧张，最后使客人满意，饭店也受益。挽留一个客人所带来的潜在效益往往大于客人本次消费利润的3~5倍，并且对饭店良好口碑的建立也起到了重要的宣传作用。

考核指南

小组练习

学生分成小组分别扮演前台服务员和客人，完成入住办理服务礼仪。

小组评价

- 仪容仪表服饰礼仪。
- 仪态动作礼仪。
- 见面迎送礼仪。
- 服务用语。

综合实训评价

综合评价包括小组之间的互评和教师对各小组工作的系统评价,确定个人能力水平和努力方向。如表 5-2 所示。

表 5-2　前台办理入住礼仪学习评价表

内容			评价	
学习目标		评价项目	小组评价	教师评价
知识	应知应会	服饰、化妆基本知识		
		站姿、微笑、目光礼仪的基本知识		
		电话礼仪的基本知识		
		递接礼仪的基本知识		
能力	专业能力	掌握着装化妆:仪容仪表整洁、规范、得体		
		运用目光微笑:目光专注,微笑甜美,表情亲切		
		学会语言沟通:表达自然随和,周到体贴		
		掌握电话礼仪:迅速、简洁、亲切、高效		
	通用能力	修饰打扮能力		
		人际交往能力		
		表达沟通能力		
		解决问题能力		
态度		真心诚意,热情主动,有问必答,有求必应		
教师、同学建议:			评价汇总: A. 优秀 B. 良好 C. 基本掌握	
努力方向:				

第六专题
前台问讯礼仪

　　前台提供的问讯服务包括解答客人询问、提供留言、处理邮件以及收发保管客用钥匙等。问讯服务要做到热情耐心、快捷准确、有问必答、百问不厌。在诚实守信的礼仪细节中显示出卓越的服务品质，在平凡的言行举止中体现出超值的服务价值。每一次与客人的接触都是体现礼仪的关键时刻。

基础知识

▲ 问讯处的工作内容

- ▲ 熟悉当天抵店客人情况。
- ▲ 掌握饭店客房状态,与团队领队联系,尽快获得团队成员名单。
- ▲ 按照工作程序标准向客人提供钥匙并及时从收银处收回退房钥匙。
- ▲ 检查是否已将留言通知客人。
- ▲ 把收到的邮件及包裹准确记录并分发给客人。
- ▲ 给客人提供一些简单的用品,包括曲别针、信封、信纸和服务指南等。
- ▲ 管理客用钥匙。
- ▲ 完成客人交代的事情,并做好记录。
- ▲ 为住店客人解释客账。

▲ 问讯处服务礼仪

作为一名前厅接待,要熟练掌握大量知识,做到查询迅速、回答准确、工作有序、讲究效率。接待应随机应变、灵活处事。问讯处服务礼仪如图 6-1 所示。

图 6-1　问讯处服务礼仪

- ▲ 客人多时,应做到接待第一位客人,问询第二位客人,问候第三位客人,并说:"我将尽快为您办理。"如果登记时人很多,开房时一定要保持冷静,有条不紊,做好解释,提高效率。
- ▲ 接待客人应全神贯注、态度和蔼、语气轻柔、注视客人、口齿清楚。必须弄清楚客人的姓名,不可边为客人服务边接电话。对重要的客人,部门须指派大堂经理用电话探询他对饭店服务的意见,以示饭店对他的重视和关心。
- ▲ 及时、准确地把邮件交给客人。交递时面带微笑:"先生,这是给您的信,请收好。"如邮件到达时客人已结账离店,应按客人留下的地址转发。

- 做好客人档案工作。要观察客人，记录客人的资料及喜好，为以后的工作做好准备。对经常光顾的客人有针对性地服务，使客人有宾至如归之感。
- 对待客人要一视同仁，具体要求如下。
- 高低一样：对高消费客人和低消费客人同样看待。
- 内外一样：对境内客人和境外客人同样看待。
- 东西一样：对东方国家和西方国家的客人同样看待。
- 新老一样：对新来的客人（第一次入住本店的客人）和老客人（回头客）同样看待。
- 要努力完成对客人的一切承诺，不能疏忽甚至遗忘。对无法办成的事情要委婉解释。尽一切努力帮助客人解决困难。为客人代购车、船、机票等，应按要求办理。情况有变，要及时征求客人的意见，不要自作主张。
- 处理好宾客投诉，对刚入住客人的投诉要及时处理。如客人抱怨房间设备和服务问题时，首先要道歉，然后感谢客人反映此事并表示这些问题将立即通报有关部门改正，防止此类问题再次发生。如客人仍不满意，应告知大堂副经理，尽量避免客人失望而归。

▲ 问讯处推销礼仪

- 掌握相关的知识。推销酒店，不仅应对客房设施完全掌握，同时对该地区的旅游景点、名胜古迹、风味小吃等要熟悉并告诉客人。介绍好的旅游景点可以延长客人停留的时间。
- 努力争取客源。努力争取客人再来酒店下榻。假如是某酒店连锁隶属酒店，向客人推荐和介绍，办理客人到下一旅游目的地的隶属酒店，既方便客人又控制客源流向。
- 了解客人通常的问题。
- 你能为我叫一辆出租车吗？
- 这里最近的购物中心在什么地方？
- 我要去最近的银行，从这里怎么去？
- 我要去看电影，怎么走？
- 本酒店办理离店结账是什么时间？
- 哪里有比较好的中餐厅、墨西哥餐厅、法国餐厅？
- 洗手间在哪里？
- 附近有旅游景点吗？
- 建立信息库。前台员工要有广博的知识，同时要建立实用信息库，人手一份。否则客人提出问题回答不出来是很尴尬与失礼的，也影响酒店声誉。
- 必知问题。掌握有关店内设施及当地情况的业务知识，以便客人要求时有礼貌地予以答复，并且推销酒店服务。必知问题有：酒店所属星级；酒店各项服务的营业或服务时间；车辆路线、车辆出租公司、价格等；航空公司的电话号码；地区城市地图；本地特产；名胜古迹；其他酒店、咖啡厅、餐厅、商场的营业时间。
- ▲ 推销客房。在可以实现的基础上，用令人信服的语言描述客房的情况，按照酒店公布的报价来推销，充分介绍酒店的客房及各种服务设施与服务项目。介绍时可采用以下说法。
- 该房间是行政管理办公客房。
- 该房间是新装修的获奖房间。
- 该房间是豪华、宽敞的迎宾接待客房。
- 该房间是奇异独特的山景客房，宁静怡人。
- 此房间非常符合您的要求。
- 该房间对于您迎接您的小团队十分方便，也极为理想。
- 你可以很快进入梦乡而不受喧哗的干扰。
- 您与孩子可以同住一个房间，以免您为他担心。

问讯处行为规范

- ▲ 动作举止要规范。站、走、坐符合要求，端庄文明。迎客时走在前，送客时走在后，客过要让路，同行不抢道，不许在宾客之间穿行，不在酒店内奔跑追逐。
- ▲ 禁止各种不文明的举动。吸烟、吃零食、掏鼻孔、剔牙齿、挖耳朵、打饱嗝、打哈欠、抓头、搔痒、修指甲、伸懒腰等不雅之举，即使是在不得已的情况下也应尽力回避或掩饰。在工作场所不得随地吐痰，不能扔果皮、纸屑、烟头或其他杂物。
- ▲ 保持室内安静。服务员在工作时说话要轻声，不在宾客面前大声喧哗、打闹、吹口哨、唱小调；走路脚步要轻，操作动作要轻，取放物品要轻，避免发出响声。
- ▲ 满足客人的需求。服务客人是第一需要，当客人向你的岗位走来时，无论你正在干什么，都应暂时停下来招呼客人。
- ▲ 对客人要一视同仁。切忌两位客人同时在场的情况下，与一位客人长时间交谈，而冷落了另一位客人。与客人接触要热情大方，举止得体，不得有过分亲热的举动。
- ▲ 尊重客人。严禁与客人开玩笑、打闹；客人之间交谈时，不要走近旁听，也不要在一旁窥视客人的行动。对容貌体态奇特或穿着奇装异服的客人切忌交头接耳或指手画脚，更不许围观。听到宾客的方言土语，不能模仿、讥笑。对身体有缺陷或病态的客人，应热情关心，周到服务，不能有任何嫌弃的表示。

服务技能

问讯处是酒店主要的信息源,可为客人提供关于酒店的设施及服务项目的准确信息、酒店所在地的各种资料和重要活动。

前台接待人员回答问询简洁明了、用词准确、口齿清晰。对本饭店的各部门位置、服务时间、各种设施了如指掌。熟悉本地其他服务行业的有关情况,如旅游景点、往返路线、交通工具、购物场所等有关信息,随时为客人提供服务。问讯员的主要职责是为客人提供咨询等服务,以体现饭店"宾客至上,便利客人"的宗旨。

- 问讯员在服务过程中应穿着整齐、仪态大方、站立服务、精神集中,随时接受宾客的问讯。
- 客人来到问讯处,应主动打招呼,热情问候,一视同仁,依次接待问讯,使客人感到你是乐于助人的。
- 接待问讯时,应目视对方脸部的眼鼻三角区,倾听要专心以示尊重与诚意。对有急事而词不达意的客人,应劝其安定情绪后再说。对于长话慢叙、细述详问的宾客要耐心、细心。对于语言难懂的客人,要仔细听清楚后再回答,绝对不能敷衍了事或拒之门外。
- 答复客人的问讯,要做到百问不厌、有问必答、用词得当、简洁明了,不能用"也许""可能"之类没有把握或含糊不清的话来敷衍搪塞。自己能回答时回答,不能回答时也不可轻率地说不知道,一推了事。经过努力确实无法回答时表示歉意,待了解清楚后再告诉对方。
- 如多人同时问讯,应先问先答,急问快答,使不同问讯的客人都能得到适当的接待和满意的答复。
- 问讯员还应当好客人的参谋,做他们的"隐性向导",及时向他们提供游览景点、往返路线、交通工具、购物场所、娱乐场所、风味小吃等有关信息。
- 问讯处要把信件、电报、邮件迅速交给住店客人,递送时要微笑招呼,敬语当先。对离店客人的信件要及时按客人留下的新地址转出或退回原处,时时处处体现对客人认真负责的精神。
- 问讯员兼票务工作要细致周到,以满足不同客人的要求(机票、车票、船票和座次等)。不要自作主张。如有困难,要耐心解释,求得客人的谅解。
- 接受来电查询应热情帮助解决,件件要有结果,有回音。如不能马上回答,对来电客人应说明等候时间,以免对方久等而引起误会。若确实查无此人,要用婉转的语气明确答复。对住店客人的来电,要认真负责地接待,并帮助办理有关事务。如对方要求预约出租车外出等事宜,应随时做好书面记录,并把房号、姓名、时间告知车队,交班时尚未落实的事要与接班人交代清楚。
- 遇到个别过分挑剔、有意为难的客人,仍应坚持以诚相待,注意服务态度要耐心、热情、周到,对客人晓之以"礼"、动之以情。

问讯服务礼仪突出形象礼仪、迎接礼仪、解答礼仪,并懂得所突出礼仪的作用，做到既注重礼仪外在形象，又注重礼仪内涵。礼仪操作要点和礼仪作用如表 6-1 所示。

表 6-1 前台问讯礼仪

内容	操作要点	作用
形象礼仪	（1）仪容礼仪 仪容整洁美观 （2）服饰礼仪 服饰规范严谨，仪表大方得体 （3）化妆礼仪 妆容清新淡雅 （4）态度礼仪 表情亲切、自然，情绪平和、愉悦	做到服务热情、真诚恳切，让客人感觉愉悦、满意、惊喜，超出期望
迎接礼仪	（1）问候礼仪 当客人来到总台时，热情问候："您好！" （2）称呼礼仪 获知客人姓名后以姓名称呼 （3）体态礼仪 如果在忙碌，以体态语示意客人不会久等；如若客人等候多时，则向客人致歉	迎接服务中注重热情礼貌的态度、真心实意的情感及恰当的形体礼仪，给客人留下良好的第一印象
解答礼仪	（1）查询礼仪 打电话给客人，同意接见则告知房间号；若是电话查询，客人同意接听，将电话转入房间 （2）留言礼仪 访客留言单一式三联；客人留言单一式两联，问讯处和总机各一份。当访客来访时，问讯员经核实，转告留言内容或转交留言单	无论是接待访客找人，还是访客留言、客人留言，服务员都要态度热情、周到，语言准确、简练，尽量满足客人的要求

视频：形象礼仪

视频：迎接礼仪

视频：解答礼仪

综合训练

⚠ 问讯接待礼仪
- 微笑：训练具有亲和力的微笑。
- 接待手势：训练具有美感的接待手势。
- 接待目光：训练具有吸引力的接待目光。
- 面部化妆和服饰：训练面部化妆和服饰要协调。
- 训练访客查询留言服务礼仪。

　　　　问讯员：您好！问讯处。我能帮到您吗？
　　　　客人：你好！我想找张伟先生，你能告诉我他的房号吗？

问讯员：是"弓长"张、"伟大"的"伟"吗？我马上为您查询。对不起，张伟先生不在房间。

　　客人：哦，那我给他留言吧。

　　问讯员：好的，请问您怎么称呼？

　　客人：王一明。

　　问讯员：好的。王一明先生，请您说出您留言的内容，好吗？

　　客人：告诉他原定今天晚上 6:00 的会面改为 7:00。请他在二楼西餐厅等我。

　　问讯员：好的。您告诉张伟先生原定今晚 6:00 的会面改为 7:00。请他在二楼西餐厅等您，对吗？

　　客人：是的。

　　问讯员：王先生，我们会按您的要求及时转达。请放心。

　　客人：好，谢谢！

　　问讯员：不客气。能为您做事我感到非常荣幸！王先生，再见！

　　客人：再见！

- 训练客人查询留言服务礼仪

　　问讯员：您好！问讯处。我能帮到您吗？

　　客人：请问，有我的留言吗？我是 506 房的。

　　问讯员：请问您的姓名？

　　客人：我叫张伟。

　　问讯员：是的，张先生，有王一明先生给您的留言。他说原定于今晚 6:00 的会面推迟到 7:00，请您在二楼西餐厅等他。

　　客人：好，知道了。谢谢！

　　问讯员：不客气。很愿意为您效劳，再见！

　　客人：再见！

拓展阅读　酒店行业 OTO（线上到线下）模式

　　当前，电商的发展是以社交网络为沟通方式，以移动端为载体，以大数据为核心，online（在线）与 offline（离线）深度融合为特色。那么，在有效数据不断积累的情况下，如何对平台的方方面面进行定位，将会是一个不断迭代和试错的过程。

　　当许多传统产业都在借助 OTO 模式开启互联网之旅时，酒店行业也在积极推进 OTO 的模式。OTO 具有三个特点：交易是在线上进行的，消费服务是在线下进行的，营销效果是可监测的。酒店行业有以下特点。

　　1. 对客户而言

　　（1）可获得更丰富、更全面的酒店及其服务的信息。

　　（2）可更加便捷地向酒店进行在线咨询并进行预订。

　　（3）可获得相比线下直接消费更为便宜的价格。

2. 对酒店而言

（1）能够获得更多的宣传和展示的机会，吸引更多新客户到店消费。
（2）推广效果可查，每笔交易可跟踪。
（3）可掌握用户数据，大大提升对老客户的维护与营销效果。
（4）通过与用户的沟通、释疑，更好地了解用户心理。
（5）通过在线有效预订等方式，合理安排经营，节约成本。

案例　随口说"Yes"引来不愉快

一天，一位外国客人来到某饭店的总台登记住宿，顺便用英语问服务员小杨"贵店的房费是否包含早餐？"小杨没有听明白客人的意思便随口回答了个"Yes"。次日早晨，客人去西餐厅用自助餐，出于细心，向服务员小贾提出了同样的问题。不料小贾的英语也欠佳，慌忙中又随便回答了个"Yes"。

几天后，外国客人离店前到总台结账，服务员把账单递给客人，客人一看吃了一惊，账单上他每顿早餐一笔不漏！客人越想越糊涂，经再三追问才被告知"我们饭店对协议价的住宿客人早餐历来不包括在房费内"，而这位外国客人的预订正是他公司给订的协议价客房。客人将刚来时两次得到"Yes"答复的原委告诉总台服务员，希望免费早餐的许诺能得到兑现，但被拒绝。客人无奈只得付了早餐费，然后怒气冲冲地向饭店投诉。

最后，饭店重申了总台的意见，仍没有同意退款。外国客人心里不服，怀着一肚子怒气离开饭店。

评析

客人办理登记时必须了解客人预订的信息，没有带早餐的协议价客房应该及时把信息清晰地告诉住店客人。总台是饭店形象的代表，是给客人留下第一印象和最后印象的部门，在饭店运行和对客服务中承担着多种重要的角色。因此做一个称职的总台员工要具备很高的素质，其中包括语言交际能力和应变能力。在对客服务中不仅要回答客人的疑问并且要给客人做好核对和解释。

考核指南

小组练习

学生分成小组，分别扮演饭店代表和客人，完成问讯服务礼仪模拟操作。

◁ 小组评价
- 微笑和目光礼仪。
- 问讯服务的基本礼貌。

◁ 综合实训评价

综合评价包括小组之间的互评和教师对各小组工作的系统评价,用于确定个人能力水平和努力方向。如表 6-2 所示。

表 6-2　前台问讯礼仪学习评价表

学习目标		内容	评价	
		评价项目	小组评价	教师评价
知识	应知应会	服饰、化妆基本知识		
		迎接客人的基本礼仪		
		饭店内外的基本知识		
		语言礼仪的基本知识		
能力	专业能力	掌握着装化妆：仪容仪表整洁、规范、得体		
		运用目光微笑：目光专注，微笑甜美，表情亲切		
		学会语言沟通：表达自然随和，周到体贴		
	通用能力	修饰打扮能力		
		人际交往能力		
		表达沟通能力		
		解决问题能力		
态度		真心诚意，热情主动，有问必答，有求必应		
教师、同学建议：			评价汇总： A. 优秀 B. 良好 C. 基本掌握	
努力方向：				

第七专题
前台结账退房服务礼仪

客人离店要求结账时,服务员应主动迎接客人,表示问候,问清客人姓名、房号,找出账单,并重复客人姓名。为了提高工作效率,收银员必须熟悉结账业务,账目清楚,转账迅速,记账准确,周到得体。办理退房结账手续是客人离店前接受的最后一项服务,应给客人留下良好的最后印象。

基础知识

▲ 管理客人账户礼仪

- ▲ 准确无误。要保证准确无误地将费用及时记入有关客人账目，保证在店客人账目准确无误。
- ▲ 不泄密。总服务台员工对有关客人的账目数据、账务不泄露给任何人。
- ▲ 冷静、自信、温柔。要保持冷静、自信，态度要温柔。

▲ 退房礼仪

- ▲ 温婉有礼。耐心向客人讲清酒店的退房规定，按规定给客人办理退房手续。客人退房时，应给他呈上准确无误的结账单，请他付清全部费用。
- ▲ 留下好印象。多数客人办理退房和结账手续在上午 7:30—9:30，如果员工准备工作就绪，工作安排得有条不紊，就能使退房过程顺利，给客人留下良好的印象。

▲ 结账礼仪

- ▲ 了解结账方式。如果客人选择现金结账，那么酒店通常要求客人在入住时一次付齐，酒店一般不给付现金的客人赊账权。客人要求转账结算，要确认事先已经批准的转账地址以及转账安排，在接受转账付款要求时要特别谨慎。
- ▲ 细心、小心、耐心。在与客人谈到他的支票时，涉及的是金钱问题，一定要细心、小心、耐心。
- ▲ 态度温和。要保持冷静、自信，同时态度温和，不论客人表现如何，酒店员工都要和蔼、亲切地为客人服务。
- ▲ 严谨、准确、快捷。凡涉及客人费用账目的建立，有关现金、支票、信用卡、直接转账以及团队付款凭证等复杂事宜都要认真检查核实。结账尽可能迅速快捷，简化手续，方便客人。
- ▲ 出现错误要弄清楚。假如在客人的房价、账单或其他方面出现差错，要在客人离店前审核清楚，并让客人满意付款后离开酒店。如果在账单方面出现分歧，主管要进行调查核实。

▲ 服务用语礼仪

- ▲ 称呼问候。站立服务，面带微笑，主动问好，称呼得当，亲切热情。对于熟客称呼姓氏。适度交谈，适宜得体。
- 礼貌用语。与客人对话保持 1 m 左右的距离，"请"字当头，"谢"字不离口，表现出对客人的尊重。
- 用心倾听。停下手中的工作，全神贯注，注视客人眼睛到下颌之间，面带笑容，要等客人把话说完，适当回应。没听清楚的地方要礼貌地请客人重复一遍。
- 圆满答复。遇到不知道、不清楚的事应查找有关资料或请示领导尽量答复客人，回答问题要负责任，不能不懂装懂，模棱两可，胡乱作答。
- 从言语中要体现出乐意为客人服务的意识和态度。如"好的，我马上就来。""是，立刻办好。"
- 同时接待多个客人。一边点头示意打招呼，一边说："请您稍等，我马上就来。"同时尽快结束与前一位客人的谈话，招呼后一位客人。如时间较长，应说："对不起，让您久等了。"
- 态度和蔼，语言亲切，声调自然、清晰、柔和、亲切，音量适中，以对方听清楚为宜，答话迅速、明确。不高声呼喊别人。
- 不能满足客人要求时，主动向客人讲清原因，表示歉意，同时给出建议或协助解决。让客人感到，虽然问题一时没解决，却受到了重视，并得到了应有的帮助。
- 说话方式要婉转、灵活。在原则性、较敏感的问题上，态度要明确，既要不违反酒店规定，又要维护顾客的自尊心，切忌使用质问式、怀疑式、命令式、"顶牛"式的说话方式，杜绝蔑视语、嘲笑语、否定语、斗气语；要使用询问式（"请问……"）、请求式（"请您协助我们……"）、商量式（"……您看这样好不好？"）、解释式（"这种情况，酒店的规定是这样的……"）的说话方式。
- 致歉致谢。打扰客人或请求客人协助，首先要表示歉意："对不起，打扰您了。"对客人的帮助或协助要表示感谢，接过客人的任何东西都要表示感谢。
- 关心理解。对于客人的困难，要表示关心、同情和理解，尽力想办法解决。
- 解决争议。若与顾客有争议，可婉转解释或请上级处理，不得以任何借口顶撞、讽刺、挖苦客人，不准粗言恶语，不使用蔑视和侮辱性的语言，不高声辩论，不大声争吵。

服务技能

结账退房礼仪是显示服务员精神面貌、文化修养、从业素质的重要媒介和反映服务部门管理水平的重要窗口，可以体现酒店对客人重视、欢迎的程度。服务员外表要大方得体、端庄典雅；表情热情真诚，和蔼可亲，语气委婉谦虚，语调平和，表达准确，善解人意，举止优雅，始终体现良好的精神状态和服务礼仪。

- 收银员在服务过程中应服饰整洁、仪容端庄、精神饱满、恭候客人的到来。
- 客人来前台付款结账时，前台要笑脸相迎，热情问候，服务迅速、准确，切忌漫不经心，造成客人久等的难堪局面。
- 客人住饭店日期要当场核实，收款项目当面说清，不能有丝毫含糊，以免客人有被多收费的猜疑。
- 如有客人提出一些饭店无法接受的要求，应耐心地予以解释，以求客人的谅解。
- 遇结账客人比较集中时，要礼貌示意客人依次等候，以免引起结算的差错。
- 结账完毕，应向客人礼貌告别："谢谢，欢迎您再次光临，再见！"

结账退房服务礼仪突出仪容仪表礼仪、礼貌迎客礼仪、仪态动作礼仪、语言沟通礼仪，并懂得所突出礼仪的作用，做到既注重礼仪外在形象，又注重礼仪内涵。礼仪操作要点和礼仪作用如表 7-1 所示。

表 7-1　前台结账退房服务礼仪

内容	操作要点	作用
仪容仪表礼仪	（1）仪容礼仪 头发前不覆额，侧不过耳，后不及领 （2）服饰礼仪 工装整洁美观，专业规范，胸牌戴好 （3）化妆礼仪 淡妆上岗 （4）态度礼仪 情绪平和，心情愉快	外表形象大方得体、端庄典雅、精神焕发、蓬勃向上、干净利落、赏心悦目，满足个人自尊自爱的需要，代表饭店向顾客表示尊敬、重视、感谢、热情之意
礼貌迎客礼仪	（1）声音礼仪 语速稍快，语调略低，语气恳切，音量适中 （2）表情礼仪 表情热情真诚，和蔼可亲，自然得体，不卑不亢 （3）鞠躬礼仪 面向客人，微笑弯腰低头 （4）问候礼仪 "您好！""欢迎您！我能为您做什么？"	对客人发自内心的微笑，可以缩短彼此心理的距离，使客人感到受欢迎、受尊重的程度，显示服务员的精神面貌、文化修养、从业素质
仪态动作礼仪	（1）站姿礼仪 站立标准，端正挺拔 （2）递接礼仪 以尊重和方便客人为原则，双手递接物品 （3）手势礼仪 手势优美，身体协调，表情自然 （4）礼仪习惯 克服不好的行为习惯，动作大方得体，轻松自如，举止优雅，行为规范	优美的仪态、规范的动作可以体现高雅的个人气质和完美的服务礼仪，共同营造安全、温馨的氛围，使客人乐于接受，感到满意

视频：仪容仪表礼仪（1）

视频：礼貌迎客礼仪

视频：仪态动作礼仪

续表

内容	操作要点	作用
语言沟通礼仪	（1）态度 说话态度诚恳和蔼，语言礼貌 （2）语气 语气委婉谦虚、细腻有致 （3）语音 音量适中，两人交谈以对方能听清为宜 （4）语调 语调平和，表达准确，善解人意 （5）语速 正常语速为每分钟200字左右，根据客人的语速略做调整	服务员尽量满足顾客的要求，不能以貌取人，要做到对客人一视同仁，热情服务

视频：语言沟通礼仪

综合训练

▲ 服务用语礼仪
  ▲ 礼仪角色
      请学生四人为一组，扮演收银员和客人。
  ▲ 礼仪要求
      按以下要点逐一训练。
- 称呼语：夫人、太太、先生、首长、女士、您。
- 礼貌用语欢迎语：欢迎您来我们酒店、欢迎您入住本楼、欢迎光临。
- 问候语：您好、早安、午安、早、早上好、下午好、晚上好、路上辛苦了。
- 祝贺语：恭喜、祝您节日愉快、祝您圣诞快乐、祝您新年快乐、祝您生日快乐、祝您新婚快乐、祝您新春快乐、恭喜发财。
- 告别语：再见、晚安、明天见、祝您旅途愉快、祝您一路平安、欢迎您下次再来。
- 道歉语：对不起、请原谅、打扰您了、失礼了。
- 道谢语：谢谢、非常感谢。
- 应答语：是的、好的、我明白了、谢谢您的好意、不要客气、没关系、这是我应该做的。
- 征询语：需要我帮您做什么吗？我能为您做什么吗？您喜欢（需要、能够……）？请您……好吗？
- 基本礼貌用语10个字：您好、请、谢谢、对不起、再见。

拓展阅读　酒店前台必须掌握的工作技能

一、预订

服务员无论在任何时候，只要看到客人走近前台，就应该按照"10，5，F，L"原则向客人问好。

10——在距离客人10步时，向客人点头微笑致意。

5——在距离客人5步时，向客人礼貌问候，可以说："您好／早上好／晚上好！"

F（First word）——第一句话。与客人接触时，第一句问候语应该由酒店服务人员先讲。时刻准备好提供服务，永远要在客人没开口之前先问候客人，从而体现酒店服务的主动性和热情风范。

L（Last word）——最后一句话。任何服务都要善始善终，服务结束时，要向客人礼貌道别，并致祝福。最后一句话要给客人留下美好的最后印象。

二、登记入住

1. 查询预订人信息；
2. 选择入住天数及房型；
3. 扫描客人证件并录入信息；
4. 打印入住登记单；
5. 制作房卡；
6. 完成接待入住订单；
7. 录入客人押金，使用银行卡时刷卡并打印入账单据。

三、入住登记时，应注意"三清""三核对"

"三清"：字迹清、登记项目清、证件查验清。

"三核对"：核对旅客本人与证件照片是否相符、核对登记年龄与证件的年龄是否相符、核对证件印章和使用年限是否有效。客人身份证须扫描入公安信息上传系统。

客人要求信用卡结账时，在POS机上刷信用卡，提示客人输入密码，并在打印出的POS机单上签字。回收POS机单后，应核对信用卡号与POS机单上的卡号、签字是否一致。请注意，门店所有服务人员在向客人转交物品时必须做到双手递物。将POS机单和住宿登记单订在一起，放入相应房号的账页夹内。回收POS机单后，应核对信用卡号与POS机单上的卡号、签字是否一致。已办理零秒退房手续的客人在退房时只需将房卡投入前台"零秒退房房卡回收盒"中即可。前台服务员从回收盒中取出房卡在PMS系统中进行离店操作。

四、会员推荐

前台员工要熟练掌握会员卡的积分政策及销售技巧。向客人推荐会员卡时要从客人的角度出发，让其了解到办理会员卡后可享受的待遇，并向客人推荐 App 的安装。

五、开门服务

1. 核对宾客提供的信息与 PMS（前台管理系统）资料中的信息是否一致，也可以直接按"补办房卡"流程处理。
2. 如果客人为非住店客人，需要前台联系住店客人并经客人同意后（经与 PMS 核对确认有效信息后，如证件号码）引领宾客至房间，按访客程序处理，并为宾客开门。如有必要，可以给宾客开一张取电卡。
3. 如住店客人不同意，则应婉言拒绝："××先生/小姐，非常抱歉！由于您非该房间宾客，我们无法帮您开门，请您联系您的朋友，谢谢。"

案例　化解因怀疑多收费客人的怒气

某日，一位在北京××酒店长住的客人到该酒店前台收银处支付一段时间以来在店内用餐的费用。当他看到打印好的账单上面的总金额时，马上火冒三丈地说："你们真是乱收费，我不可能有这么高的消费！"收银员面带微笑地回答客人说："对不起，您能让我再核对一下原始单据吗？"客人当然不表示异议。于是和收银员一起对账单进行核对，其间那位收银员顺势对几笔大的账目金额（如招待宴请访客以及饮用名酒……）作了口头启示以唤起客人的回忆。等账目全部核对完毕，收银员有礼貌地说："谢谢，您帮助我核对了单据，耽误了您的时间，费神了！"客人听罢连声说："小姐，麻烦你了，真不好意思！"

评析

前台收银对客人来说是一个非常敏感的地方，也最容易引起纠纷。通常情况下，长住客人在酒店内用餐后都喜欢用"签单"的方式结账，因为此方式简单易行而且方便。

但是由于客人在用餐时往往会忽视所点菜和酒水的价格，所以等客人事后到前台结账时，看到账单上的消费总金额，往往会大吃一惊，觉得自己并没有消费那么多，于是就责怪餐厅所报的账目（包括价格）有差错，结果便把火气发泄到无辜的前台收银员身上。

上述案例中的收银员用美好的语言平息了客人的怒火。一开始她就揣摩到客人的心理，避免用简单生硬的语言（像"签单上面肯定有你的签字""账单肯定不会错"之类的话）使客人不至于下不了台而恼羞成怒。本来该店有规定：账单应该由有异议的客人自己进行检查，因此在处理矛盾时，先向客人道歉，然后仔细帮客人再核对一遍账目，其间对语言技巧的合理运用也很重要。尊重是语言礼貌的核心部分。说话时要尊重客人，即使客人发了火，也不要忘记尊重客人也就是尊重自己这个道理。

考核指南

▲ 小组练习

完成前台结账退房服务礼仪模拟操作。

▲ 小组评价

- 收银员的语言沟通。
- 收银员的仪态动作。

▲ 综合实训评价

综合评价包括小组之间的互评和教师对各小组工作的系统评价，用于确定个人能力水平和努力方向。如表7-2所示。

表7-2 前台结账退房服务礼仪学习评价表

学习目标	内容		评价	
		评价项目	小组评价	教师评价
知识	应知应会	服饰、化妆的基本知识		
		微笑、目光礼仪的基本知识		
		仪态礼仪的基本知识		
		语言礼仪的基本知识		
能力	专业能力	掌握着装化妆：仪容仪表整洁、规范、得体		
		运用目光微笑：目光专注，微笑甜美，表情亲切		
		学会语言沟通：表达准确简洁，清晰流畅		
		掌握仪态礼仪：站姿端正、手势规范、鞠躬恭敬		
	通用能力	修饰打扮能力		
		人际交往能力		
		表达沟通能力		
		解决问题能力		
态度		真心诚意，热情主动，有问必答，有求必应		
教师、同学建议：			评价汇总： A. 优秀 B. 良好 C. 基本掌握	
努力方向：				

第八专题
投诉处理礼仪

由于饭店内部是一个复杂的整体运作系统,而且客人对服务的需求多种多样,因此,无论饭店红誉得多么出色,都不可能百分之百地让客人满意,客人的投诉也是不可完全避免的。受理客人投诉时,要理解客人,真心诚意帮助客人,仔细、认真、耐心地倾听客人投诉的内容,用恰当的语言给客人以安慰,将要采取的措施及解决问题的时限告诉客人并征得客人的同意,事后及时回访,确认投诉得到妥善处理。

基础知识

投诉的原因

- 饭店方面的原因。
- 服务形象不佳引起投诉。

  饭店服务人员在对客人服务的过程中服务意识不强、态度不佳与仪容仪表不整洁等可能引起客人投诉。如某些服务员冷淡的态度、无理粗暴的语言、嘲笑戏弄的行为、不负责任的承诺或推卸，以及仪容仪表不整、个人卫生不佳等。

- 服务技艺不够娴熟引起投诉。

  饭店服务员服务技艺不够娴熟，服务效率低，出现差错，易引起客人不满。例如，在前台等候的时间过长，排房不适合，叫醒服务不准时或者无效，邮件、传真、留言等不能及时传递，结账累计出错等。

- 设备设施质量问题引起投诉。

  饭店的设施设备由于保养不善，运行发生困难，会给客人带来严重不便，甚至伤害，是引起客人投诉的主要原因。如空调失灵、照明供水不正常、卫生间设施失灵、天花板漏水、家具地毯破损以及电梯失灵等。

- 饭店实物产品质量不佳引起投诉。

  饭店的实物产品质量不佳也会引起客人投诉。如菜点品味不合、食品原料不新鲜、客房客用消耗品或租借品质量不佳等。

- 管理不善引起投诉。

  饭店管理不善，制度不严密，或各部门、各岗位及各班次之间沟通不畅、联系脱节导致工作失误会引起客人投诉。

- 客人方面的原因。
- 客人醉酒。

  客人在醉酒情况下，失去理智，提出一些无理要求遭到拒绝产生投诉。

- 客人情绪低落，需要发泄。

  客人由于自身原因情绪不佳，寻求发泄，引起投诉。

- 客人有时对饭店方面的有关政策与制度不了解或产生误解引起投诉。
- 第三方原因。
- 恶劣的天气。

  由于恶劣的天气造成客人某些计划落空，发生投诉。

- 航班改期或取消。

  航空公司将航班改期或取消给客人带来不便，或者票务上的困难引起投诉。

客人投诉的类型

- 理智型投诉。

理智型投诉是客人在比较理智冷静的情况下提出的投诉，一般为合理的要求。但是若处理不当，客人很可能会要求赔偿，或者采用法律手段。

▲ 发泄类投诉。

发泄类投诉为客人在情绪激动或情绪不佳寻求发泄时提出的投诉，大多伴有激烈的言辞并希望引起旁人注意。若处理不当，会使人对饭店形象产生怀疑，影响面较大。

▲ 补偿型投诉。

提出补偿型投诉的客人觉得自己的利益受到了损害，其注意力并不集中在饭店方能给予的合理解释，而是希望得到实实在在的补偿。

投诉处理原则

▲ 欢迎与感谢的态度。

应当欢迎客人投诉，客人投诉有利于饭店发现问题、解决问题；对客人对饭店的关心表示感谢，一个对服务不满的客人不投诉比投诉更为可怕；站在客人的立场思考和表述；站在客人立场以肯定的态度听取；站在客人立场诚心诚意地解决问题，绝对不与客人争论、辩解。

▲ 不能推卸责任。

不找借口，不埋怨同事或找其他因素，是饭店的责任要敢于面对，并真心诚意帮助客人解决。

▲ 维护饭店应有的利益。

不可在真相未明之前，急于表态或贬低饭店及其他部门员工；退款与减少收费绝不是处理投诉的最佳方法。

投诉处理技巧

客人对饭店服务的不满，有的直接提出投诉，饭店应高度重视，主动处理；有的把不满隐藏在内心之中，若客人对服务再一次表示不满，则看似小题大做的客人投诉，有可能是其积怨已久的宣泄，饭店处理稍有偏差，就会使投诉升级，既伤害客人的情感，又极大地损害饭店的声誉。服务人员应掌握客人的投诉心理和需求，善于运用投诉处理技巧，避免客人投诉升级，及时化解客人的不满。

▲ 快速处理技巧。

快速处理技巧主要针对较为理性的客人提出的投诉，其主要步骤如下。

- 认真聆听。

集中注意力，认真聆听客人投诉的内容，也可以通过提问方式来弄清症结，节约对话时间。在客人投诉时，不能反驳客人意见，不应与客人争辩，同时认真做好记录。

- 理解抱歉。

    当客人讲述完毕，应立即表示抱歉及同情。设身处地对事情进行考虑分析，对客人感受表示理解，运用适当的语言和行为给予客人安慰。
- 快速行动。

    对事情迅速展开认真调查，把将要采取的措施和所需时间告诉客人并征得客人同意。快速采取行动，为客人解决问题。如果客人投诉的问题超出自己的权限，应立即向上级报告。如的确属于暂时不能解决的投诉，要耐心向客人解释，取得客人谅解。
- 反馈信息、听取建议。

    ① 及时反馈。将事情处理情况以及结果尽快通知客人，并听取客人对处理结果的意见。

    ② 表示感谢。投诉处理完毕后，应向客人表示感谢，欢迎客人对饭店提出意见及建议。

    ③ 记录存档。将客人投诉的过程写成报告并记录存档，利于以后工作的完善及预先控制。
- 绅士处理技巧。

    绅士处理技巧主要针对情绪激动的客人提出的发泄类投诉，其主要步骤如下。
- 改变投诉处理地点，隔离当事人。

    这类客人往往情绪激动，而且多在公众场合。首先应立即请客人到办公室或休息室，听取其意见，而且应隔离当事人，不宜造成当事人双方当场对峙的局面。
- 安抚客人。

    在情绪激动的情况下，客人难免缺乏理智，这对处理问题不利。为客人适时送上饮料、茶水或毛巾，尽量安抚客人情绪，使客人平静下来。
- 解决问题。

    在客人情绪趋于平缓、冷静后，使用上述快速处理法的步骤进行处理。

▲ 顾客至上的服务意识

- ▲ 如何理解"客人永远是对的"。

    "客人永远是对的"是饭店服务中的经典名言，体现了尊重、理解、关爱客人的服务理念；强调无条件为客人服务的思想；能够做到把"理和对"让给客人；愿意看到客人因为饭店的服务而愉悦；能够理解客人投诉时，并不意味着饭店及服务人员"有错"。
- ▲ 为什么要视顾客为衣食父母。
- 客人是酒店的"衣食父母"。他支付了酒店的经营开支、员工工资和酒店的利润。客人是酒店的真正"老板"，是公司最重要的人。

- 客人是酒店的服务对象。正因为有了客人,酒店才有了生存的基础,我们的工作才有了意义,客人是酒店生意的源泉。
- 客人是来酒店寻求服务的人。他们的合理愿望就是酒店必须努力予以满足的目标。哪家酒店的服务好,客人就会选择哪家酒店。
- 客人的要求多种多样。服务员的责任就是在互利的原则下给每一位客人提供迅速有效的服务,满足他们的要求。只要服务周到,使其满意,相信客人就会继续光临。
- 客人是付款买酒店服务的人。良好的服务会使客人感到物有所值而慷慨解囊,客人愿为所得的服务付出公平的费用,并多次惠顾。
- 客人是有血有肉有感情的人。他们有各自的喜好和厌恶,难免有偏颇,我们应真诚地去体谅客人,理解客人,绝对不能把客人视为登记册上的一个符号或营业报表上的一个数字。
- 绝大多数的客人是通情达理的,胡搅蛮缠的客人是极少数。当客人对服务不满意时,我们应站在客人的角度上多检讨自己的工作,查找不足,不断地改善,使服务再上一层楼。

服务技能

投诉是客人对饭店服务不满而提出的批评。由于客人需求的多样化、个性化,加上客人对服务的评价标准不同,所以无论饭店服务多么完美,也难以让客人百分之百满意。首先,客人有权对服务质量进行评论,投诉意味着客人的某些需求未能得到满足,饭店应给予补救服务。其次,表明饭店的服务有漏洞或欠缺,应该促进服务与管理进一步优化和完善。饭店对客人的投诉应持积极、欢迎的态度,无论客人出于何种原因进行投诉,都要设身处地为客人着想,正确地理解客人,真诚地帮助客人,重新赢得客人的好感和信任。

投诉处理礼仪突出仪容仪表礼仪、倾听礼仪、沟通礼仪,并懂得所突出礼仪的作用,做到既注重礼仪外在形象,又注重礼仪内涵。礼仪操作要点和礼仪作用如表 8-1 所示。

表 8-1 投诉处理礼仪

内容	操作要点	作用
仪容仪表礼仪	(1)着装 整洁大方,面带微笑,主动热情,彬彬有礼地接待客人 (2)仪容 上岗前洗头、剪指甲、剃胡须、发型大方 (3)化妆 化妆淡雅,不使用有色指甲油及浓味香水 (4)表情 目光诚恳,关注客人,微笑适度	前厅服务员整洁美观的仪容仪表给客人良好的第一印象,有助于缓解客人激动的情绪

视频:仪容仪表礼仪(2)

续表

内容	操作要点	作用
倾听礼仪	（1）态度诚恳 留意客人表情，注意客人动作，掌握客人心理 （2）保持冷静 沉着冷静，反应灵敏，记忆准确。不敷衍，不埋怨，真心帮助客人 （3）同情理解 认真、耐心、诚恳地聆听客人的投诉，用恰当的语言安慰客人，尊重客人的意见 （4）得体控制 记录投诉要点，放缓语速，缓和情绪，保存记录	倾听客人的投诉一定要真诚、保持冷静，同情理解客人，记录投诉要点，对客人态度平和，就事论事，达成共识，使客人的情绪缓和
沟通礼仪	（1）安慰道歉 以周到得体的礼仪，使用灵活多变、善意诚恳的语言给予安慰，真诚致歉 （2）协商解决 听取客人意见，尊重客人的要求，并马上着手解决问题，把影响控制到最低程度 （3）及时反馈 告知所需时间，及时反馈，征询客人意见，让客人安心、顺心 （4）检查落实 检查进度，落实结果，妥善处理	恰当的语言内容和灵活的语言技巧会让客人暖心、舒心、放心、开心。具备较宽的知识面和丰富的专业知识，才能用自己的语言技巧为客人提供超值的服务

视频：倾听礼仪

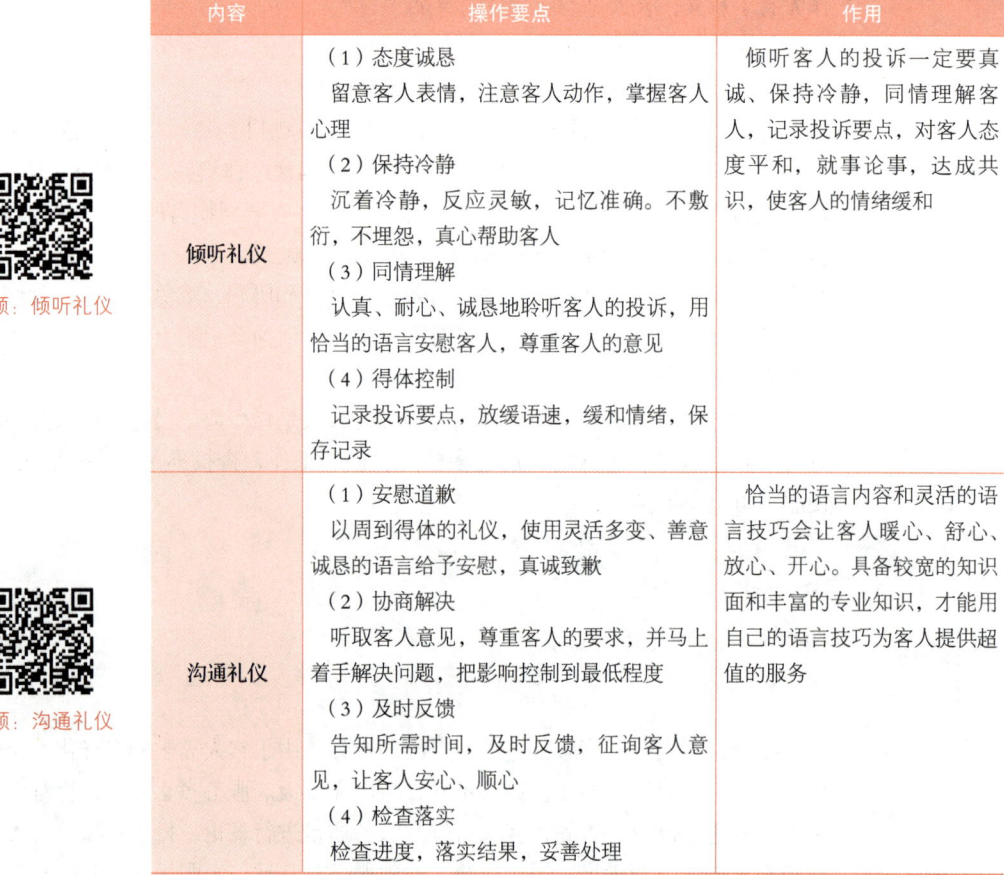

视频：沟通礼仪

综合训练

⚠ **观察站姿，了解客人心情**

▲ 礼仪角色

请学生轮流扮演前台服务员和客人。

▲ 礼仪要求

扮演客人的学生演示以下8种站姿，扮演前台服务员的学生观察并讨论其心情。

- 站立时习惯把双手插入裤袋的人：城府较深，不轻易向人表露内心的情绪。性格偏于保守、内向。凡事步步为营，警觉性极高，不肯轻信别人。
- 站立时常把双手置于臀部的人：自主心强，处事认真而不轻率，具有驾驭一切的能力。他们的最大缺点是主观，性格表现偏固执。
- 站立时喜欢把双手叠放于胸前的人：这种人性格坚强，不屈不挠，不轻易向困难、压力低头。但是由于过分重视个人利益，与人交往经常摆出一副自我保护的防范姿态，拒人于千里之外，令人难以接近。

- 站立时将双手握置于背后的人：性格特点是奉公守法，尊重权威，极富责任感，有时情绪不稳定，往往高深莫测，最大的优点是富于耐性，而且能够接受新思想和新观点。
- 站立时习惯把一只手插入裤袋，而另一只手放在身旁的人：性格复杂多变，有时会极易与人相处，推心置腹；有时则冷若冰霜，对人处处提防，为自己筑起一道防护网。
- 站立时两手双握置于胸前的人：其性格表现为成竹在胸，对自己的所作所为充满成就感，虽然不至于睥睨一切，但踌躇满志，信心十足。
- 站立时双脚合并，双手垂置身旁的人：性格特点诚实可靠，循规蹈矩而且生性坚毅，不会向任何困难屈服低头。
- 站立时不能静立，不断改变站立姿态的人：性格急躁、暴烈，身心经常处于紧张状态，而且不断地改变自己的思想观念。在生活方面喜欢接受新挑战，是一个典型的行动主义者。

投诉处理语言礼仪训练

礼仪角色
请学生扮演前台服务员和客人。

礼仪要求
先角色扮演，再讨论如何改进才会做得更好。

某日，两位外宾来到总台前。服务员小王边查阅订房系统边简单地说："已有客人预订了708号房间，你们只能住一天。"客人听了很不高兴地说："接待我们的公司通知要住两天，怎么会变成一天呢？"小王用没有丝毫变通的语气说："只预订了一天的房间，这不是饭店的原因，你们还是请公司方面人员解释吧。"客人更加生气："我们要解决住宿问题，根本没兴趣也没有必要去追究订房差错问题。"僵持之际，前厅值班经理听到了客人意见，他先请客人到大堂经理处的椅子上坐下，请客人慢慢地把意见说完，然后以抱歉的口吻说："你们所提的意见是对的，眼下追究接待单位的责任看来不是主要的。这几天正是旅游旺季，标准间客房连日客满，先为你们安排一间套房，请二位明后天继续在我们饭店做客。房钱虽然高一些，但设备条件还是不错的，饭店可以给您九折优惠。"

拓展阅读 如何建立客人的忠实感

日益激烈的竞争与不断变化的经济环境让顾客拥有了更多的选择，他们的期望值也在不断提高。为了达到亚洲第一的目标，香格里拉酒店意识到必须不断革新并提高服务水平。在顾客服务上，他们不再局限于传统的让客人满意的原则,而是将其引申为由客人满意到使客人愉悦,直至建立客人忠实感。因为忠实的客人不仅会给酒店带来持续的收益,而且可在没有任何成本的情况下带来新客人。另外,为老顾客服务的成本比赢得新客人要小得多。因此,建立客人忠实感成为香格里拉酒店的战略。而要建立客人忠实感,只使客人满意是远远不够的,只有使客人感到无比愉悦才能创造忠实感。香格里拉酒店主要是通过认知客人的重要性,预见客人的需求,灵活处理客人要求并积极补救出现的问题等途径来使客人感到愉悦。

首先,关注和认知客人。它的根本在于使客人觉得自己非常重要。对客人提供个性化的关注和服务,特别关心客人的个性化需要。

其次,预知客人的需求。在客人开口之前就提供需要的服务,提前了解客人档案资料,倾听客人诉说。

最后,酒店员工要有灵活的态度。鼓励员工在与客人的接触中,灵活处理突发事件,不对客人说"不"(不得不说时,提供另外的选择),使客人真正放松地入住酒店,有宾至如归的感受并能使客人喜出望外。在为客人解决问题的时候要做到迅速、有效,只有这样才能建立客人对酒店的忠实感。

▲ 案例　补救总台开重房的失误

某饭店逢周末的客房出租率从来没有低过95%。这一天正值周末,夜值的总办张副主任细心地查完岗后,已是凌晨2点多了。他刚要入睡,突然被一阵急促而又喧嚣的吵闹声惊醒。经过了解,原来是上夜班的总台服务员小颜因为客人多,导致出现开重房的严重失误,6位客人投诉到此。

这时,6位客人团团围住赶过来的张副主任,对他大发雷霆:"什么星级酒店,乱打发我们!"

针对客人的责难、牢骚,甚至有一些出格的话,张副主任一声不吭,微笑着倾听着他们的怒骂,不时还点一下头,他心里深深地意识到:这时候你说什么都是没用的,让他们消一消气,才是唯一的上策。不过,张副主任一边听,一边移动脚步,有意识地逐渐地把客人带到了回廊,以免影响其他的客人休息。

张副主任对着那个吵闹得最凶的客人说道:"您看,今天晚上的事完全是我们的错,现在您怎么批评我,我都会接受,但我最关心的还是尽快找一个办法,解决您的住宿问题。把这事解决了,您到时候再怎么批评我都行!您看好吗?"

"行吧,行吧,快点吧!"

张副主任立即打电话询问了总台,得知有一套别墅尚未租出去,便立刻吩咐服务员,打开了别墅的套房,把其中的几间房仍然关闭,独开了一间豪华的双人房,然后再殷勤地请这位姓黄的客人亲自来看了一遍,待其表示满意后,才将钥匙交给了这位姓黄的客人,并且不失时机地对他说道:"今天的错,完全是由我们引起的,这套别墅,我们平常是按 2 400 元/套整套出租的,平均每间房分摊开也得要 800 元左右,但您放心,今天这套房算我们对您的补偿,不会也不能再多收超过你所订房的房价。"

"嘿嘿,那就这样吧……"姓黄的客人和他的朋友终于露出了笑容。

一场风波,得以平息。

评析

以上案例中酒店的夜值经理遇到了因前台操作人员误开错售房,而导致客人控告性投诉的一个事件。控告性投诉的特点是:投诉人已被激怒,情绪激动,要求被投诉对象做出某种承诺。对待这类客人首先应设法使其冷静,并用最简单、直接、肯定的语言,明确无误地传输出"你的问题我们一定能解决"的信息。这样,客人暴怒、焦躁的情绪可以得到一些缓冲。

但仅仅作空头承诺是无用的,必须以最快的速度找到解决的办法。像以上情况,已是凌晨 2 时多,房态全满,似乎无计可施。即使以最快的速度清扫夜值房,也需要 20 多分钟,一般客人心理也不愿意去住一间别人刚使用过的房间。这时候,夜值经理灵活地让客人使用别墅房间,一下子让客人满意了。

投诉,甚至索赔,是客人对酒店某些工作不满的表达。其实,酒店无论如何经营、管理有方,总有疏忽、懈怠、失误的时候,所以要采取措施,杜绝隐患,并及时处置,则可以化不满意为满意,化干戈为玉帛,使投诉的不满情绪得以平息。

考核指南

小组练习

学生分成小组,各小组选一位组长带领组员,分别扮演前台服务员和客人,完成投诉处理礼仪模拟操作。

小组评价

- 微笑和目光、致意礼仪。
- 前台服务员的礼貌用语。

综合实训评价

综合评价包括小组之间的互评和教师对各小组工作的系统评价,用于确定个人能力水平和努力方向。如表 8-2 所示。

表 8-2 投诉处理礼仪学习评价表

内容			评价	
学习目标		评价项目	小组评价	教师评价
知识	应知应会	投诉的原因		
		投诉处理原则		
		投诉处理方法		
		语言礼仪的基本知识		
能力	专业能力	能够处理客人投诉		
		对客人投诉的认识		
		学会语言沟通		
		掌握倾听礼仪		
	通用能力	应变能力		
		人际交往能力		
		表达沟通能力		
		解决问题能力		
态度	真心诚意，热情主动，有问必答，有求必应			
教师、同学建议：			评价汇总： A. 优秀 B. 良好 C. 基本掌握	
努力方向：				

第三模块
客房服务礼仪

客房是客人在饭店里停留时间最长的地方,应使客人有"宾至如归"的感觉,处处感到安全、舒适、清洁、安静。饭店的声誉在很大程度上取决于客房接待服务的水平和质量。在规范服务的基础上,服务员的接待服务礼仪能够确保客人在入住期间,感受到饭店员工的主动热情、专业严谨、尊重关爱、周到称心。

学习目标
· 知识目标
1. 了解服务员在客房服务中的举止规范及语言沟通的服务技巧。
2. 掌握楼层接待服务礼仪的要点。

· 能力目标
1. 具有爱岗敬业、顾客至上的服务意识,具备满足客人住店期间个性化服务需求的能力。
2. 具备用标准服务礼仪为客人提供规范的楼层迎送接待服务的能力。

· 素养目标
对客人住房信息保密,培养遵纪守法,廉洁奉公,不徇私情,不谋私利的职业操守,养成拾金不昧的诚实精神和吃苦耐劳的品质。

第九专题
楼层迎送接待礼仪

客房楼层接待服务是为办理好入住登记手续,进入客房楼层的客人提供电梯口迎接、引领入房、房内介绍、相关咨询、商店服务等服务项目。客房服务人员应遵循站姿的礼仪要求,面带微笑,施鞠躬礼。楼层接待是客人感受温馨客房服务的开始,楼层接待服务礼仪能够在规范服务的基础上最大限度地满足客人的需求,让刚入住的客人感受无微不至的关爱,给客人留下深刻的印象。

基础知识

客房沟通礼仪

▲ 称呼礼节。

称呼客人时应恰当使用称呼礼节,成年男子称呼"先生";已婚妇女称呼"太太",身份高的称呼"夫人";不知婚否称呼"女士";未婚女子称呼"小姐"等。前面可以加上姓氏,如"王先生""李小姐""张女士"等。

▲ 问候礼节。
- How do you do? 您好!
- Good morning. 早上好!
- Good afternoon. 下午好!
- Good evening. 晚安!
- How are you? 您好吗?

▲ 应答礼节。
- You are welcome. 别客气,不必谢。
- Sorry, I beg your pardon? 对不起,请您再说一遍,好吗?
- It doesn't matter. 没关系。
- It's my pleasure. 这是我乐意做的。
- All right. 好的。
- Thank you very much. 非常感谢!

▲ 对客礼仪。
- 新客人入住时,应立即表示欢迎与问候。
- 客人离店时,应表示欢送和再见。
- 与客人谈话时必须站立,与客人保持 1 m 的距离。
- 等客人把话讲完再应答,不得随意打断客人的谈话。
- 三人以上对话,应用三人相通的语言。
- 不开过分的玩笑。
- 与客人谈话时应注视对方,表情自然,保持微笑。不得左顾右盼、低头玩手、捏拽衣服。
- 精神集中,全神贯注,留心听客人的吩咐。
- 与客人谈话时要准确、简洁、清楚、表达清晰。说话时要注意按轻重缓急,讲求顺序。
- 与客人谈话的声音以两个人能够听清楚为准,语调平稳、轻柔,速度适中。
- 谈话时不得做出伸懒腰、打哈欠、玩东西等动作,不得唾沫四溅。
- 谈话时不要涉及对方不愿谈及的内容和隐私。
- 回答客人问题时不得直说"不知道",应以积极的态度帮助客人,委婉地回答问题。

- 如遇客人心情不佳，言语过激，不要面露不悦，要以"客人永远是对的"的准则对待客人。
- 不要与同事在客人面前说家乡话，扎堆聊天。
- 不要与同事谈论客人短处或讥笑客人不慎的事情（如跌倒、打碎物件等）。
- 不得偷听客人的谈话。有事需找谈话中的客人时，应先说声"对不起"，征得客人同意。
- 接听电话时，应先报清自己的岗位和姓名，然后客气地询问对方："我能为您做些什么？"
- 因急事须离开客人要说"对不起，请稍候。"回来继续为客人服务时要说"对不起，让您久等了。"

举止规范

- 在工作间、客房或走廊时，都应做到走路轻、说话轻和动作轻。
- 举止要端庄稳重，落落大方，表情自然诚恳，和蔼可亲。
- 精神振奋，情绪饱满。
- 双手不得叉腰，不要插入衣裤袋或随意乱放，不得敲桌子或玩弄其他物品。
- 站立时应肩平、头正，两眼平视前方，挺胸、收腹。
- 在服务区域内，身体不得东倒西歪、前倾后靠，不得伸懒腰、驼背、耸肩。
- 行走要轻而稳，上体正直，抬头、平视，两臂自然地前后摆动，肩部放松。与客人对面行走时，应让道并问好。
- 手势规范适度。在向客人指示方向时，要将手臂自然前伸，手指并拢掌心向上，指向目标，切忌用手指或笔杆指点。谈话时手势不宜过多，幅度不宜过大。如图9-1所示。

图9-1 手势规范

- 在客人面前任何时候不得有打喷嚏、打哈欠、伸懒腰、挖耳鼻、剔牙、打饱嗝、搓泥垢、修指甲、吸烟、吹口哨、哼歌曲等行为。
- 在客人面前不得经常看手表和手机。

- 为客人服务时不得流露出厌烦、冷淡、愤怒、僵硬的表情，不得忸怩作态、吐舌、做鬼脸。
- 在服务、打电话和交谈时，如有客人走近，应立即微笑示意，表示已注意到客人的到来。
- 不要轻易接受客人赠送的礼物。如确实不收可能失礼时，应表示谢意，并按有关规定上缴。

▲ 优化服务态度

服务态度是服务人员思想觉悟、服务意识和业务素质的集中表现，是服务礼仪的基础和前提。

- 主动。主动就是服务于客人开口之前，是客房服务员服务意识强烈的表现。其具体要求是：主动迎送，帮提行李；主动与客人打招呼，语言亲切；主动介绍服务项目；主动为重要客人引路开门；主动叫电梯，迎送客人；主动为新到的客人带路；主动照顾老弱病残客人；主动征求客人和陪同人员的意见。
- 热情。热情即在客房服务过程中态度诚恳、热忱大方、面带微笑；在仪容仪表上着装整洁、精神饱满、仪表端庄；在语言上清楚、准确、语调亲切、柔和；在行为举止上乐于助人、帮助客人排忧解难，恰当运用肢体语言。
- 礼貌。礼貌就是有礼节、有修养，尊重客人心理。既不妄自菲薄、见利忘义、在客人面前低三下四、丧失人格，又不夜郎自大、盛气凌人、店大欺客、以貌取人，要继承和发扬中华民族热情好客的美德。
- 耐心。耐心就是不烦不厌，根据不同类型客人的具体要求提供优质服务。工作繁忙时不急躁，对爱挑剔的客人不厌烦，对老弱病残客人的照顾细致、周到，客人有意见时耐心听取，客人表扬时不骄傲自满。
- 周到。周到就是要把客房服务做得细致入微，周详具体。要了解不同客人的生活喜好，掌握客人生活起居规律，了解客人的特殊要求，有的放矢地采用各种不同的服务方法，提高服务质量，并且做到有始有终，表里如一。

▲ 服务操作礼仪

客房优质服务以客人来、住、走活动规律为主线。服务操作礼仪要求"迎，问，勤，洁，静，灵，听，送"的八字工作法。

- 迎：礼貌大方，热烈迎客。客人来到客房，主动迎接，既是对客人礼貌和敬意的表示，又是给客人留下良好第一印象的重要条件。热情迎客，一要举止大方，衣着整洁，精神饱满；二要态度和蔼，语言亲切，动作准确、适当；三要区别不同的对象。
- 问：热情好客，主动问好。服务员要像对待自己的亲人一样关心爱护住店客人，体现主人翁责任感。要主动向客人问好，关心他们的生活起居、身体状况、生活感受，主动询问他们的要求，满足他们的爱好。
- 勤：工作勤快，敏捷稳妥。要做到手勤、眼勤、嘴勤、腿勤。手勤是指及时、准确地完成工作任务；眼勤是指注意观察客人的需求反应，有针对性地为宾客提供随机性服务；嘴勤是指见了客人主动打招呼，主动询问需求；腿勤是指行动敏捷，提高服务效率。
- 洁：保持清洁，严格卫生。做到每日三次进房检查整理房间，严格消毒，保证各种设备、用具和生活用品清洁、美观、舒适。
- 静：动作轻稳，保持肃静。在服务过程中，不得大声喧哗、吵闹、唱歌。在工作过程中做到说话轻、走路轻、操作轻，保持楼层环境的安静，体现客房服务的文明程度。
- 灵：灵活机动，应变力强。根据客人的心理特点、特殊爱好采用灵活多样的方法。对动作迟缓、有残疾的客人应特别照顾；对性格开朗的客人说话可以随和一些。
- 听："眼观六路，耳听八方"。留心观察客人情况，征求客人意见，随时发现服务过程中的问题和不足；一经发现，及时改进和弥补，把服务工作做在客人提出之前。
- 送：送别客人，善始善终。客人离店既是客房服务的结束，又是下一轮服务工作的开始。为了保证整个服务工作取得良好的效果，给客人留下美好的回忆，同时为了争取回头客，必须祝愿客人旅途愉快，欢迎他们再次光临。

▲ 客房服务员应变礼仪

▲ 当客人提出的问题，自己不清楚，难以回答时，怎么办？
- 遇到自己不懂或不清楚、没有把握回答的问题，要请客人稍候，请教或查询后再回答。
- 如果问题较复杂，待弄清楚后再答复，经努力仍无法解答时，应耐心解释，表示歉意。
- 客人提出问题，不能使用"我不知道""我不懂"或"可能"等词语去答复客人。

▲ 客人有伤心或不幸的事，心情不好时，怎么办？
- 细心观察和掌握客人的心理动态，做好服务工作。
- 尽量满足客人的要求，客人有事要尽快为其办妥。
- 态度要和蔼，服务要耐心，语言要精练。
- 使用敬语安慰客人，不要喋喋不休，以免干扰客人。
- 对客人抱以同情的态度，不能聚在一起议论、讥笑、指点客人或大声谈笑、打闹等。
- 及时向上级反映，必要时采取适当的防范措施，确保客人的安全。

▲ 因饭店的设备问题，致使客人受伤时，怎么办？

- 事情发生后，立即安慰客人（如果是轻伤，可及时采取措施），向领导汇报。
- 向客人表示不安和歉意，如："××先生，很抱歉，由于工作的疏忽，让您受伤，我们感到非常不安，请原谅。""现在好些了吗？请好好休息一下，有事尽管吩咐，祝您早日康复。"
- 对该客人在服务上给予特殊的照顾。

▲ 客人正在谈话，有急事要找他时，怎么办？
- 不应冒失地打断客人的谈话，应有礼貌地站在客人的一旁，双目注视客人。
- 客人一般意识到你有事要找他，便会主动停下谈话，向你询问，这时首先应向其他客人表示歉意："先生，对不起，打扰你们一下。"然后向所找客人讲述要找他的事由。
- 说话时简明扼要，待客人答复后，向其他客人表示歉意："对不起，打扰你们了。"

▲ 在听工作电话，而又有客人来到面前时，怎么办？
- 点头示意，以示与客人打招呼，让客人稍等之意。
- 尽快结束通话，以免让客人久等，产生厌烦情绪。
- 放下话筒后，先向客人道歉："对不起，让您久等了。"
- 不能因为自己正在听电话，客人来到面前也视而不见，毫无表示，冷落客人。

▲ 工作时不小心损坏了客人的东西，怎么办？
- 在收拾桌面或搬动椅子时应该小心谨慎，对客人放的东西一般不要动，必须移动时也应先打招呼，小心轻拿轻放。
- 如不小心损坏客人的物品时，应立即赔礼道歉。
- 如实向上级反映，并主动向客人承认自己的过失："实在对不起，因不小心损坏了您的东西，使您蒙受损失，实在过意不去。"
- 征求客人意见，客人要求赔偿时，应根据具体情况给予赔偿。

▲ 在服务过程中，自己心情欠佳时，怎么办？
- 在工作过程中，不论自己的心情好坏，对客人均要热情、有礼。
- 可能在上班前碰到一些事情，以致心情不愉快，但不管怎样，都应该忘记自己的私事，把精力投入工作中去。要经常反省自己，在服务过程中是否做到面带笑容，给客人留下愉快的印象。
- 时刻记住"礼貌"两字，在服务过程中把握好自己的言行，为客人提供优质的服务。

▲ 在服务工作过程中出现小差错时，怎么办？
- 要以认真负责的态度，尽最大的努力将工作做得完善妥当，避免出现差错事故。
- 当出现小差错时，若客人在场，首先要表示歉意，然后及时采取补救的措施。
- 事后要仔细查找原因，吸取经验、教训，避免类似的差错再次发生。
- 凡是出现的差错，均不能隐瞒。如自己不能解决，要马上请示上级，以免酿成大事故。

▲ 遇到刁难的客人时，怎么办？
- 服务工作是与人打交道的工作，客人往往较为复杂，由于性格、修养、阶层、年龄、性别等不同，有些客人可能对服务工作特别挑剔。

- 服务员应在日常服务工作过程中揣摩客人的心理，掌握客人的性格和特点，要热情、有礼、主动、周到地为客人服务，力求将服务工作做在客人开口之前。
- 通过多方面的详细了解，细心观察，分析客人刁难的原因，做好客人的服务工作。
- 注意保持冷静的态度，以礼相待，谦虚待客，严于律己，表示歉意。
- 当客人反映设备坏了时，怎么办？
- 立即实地察看，到底是设备有问题，还是因客人未能掌握设备的使用方法而引起的误解。
- 若设备正常，应向客人解释，同时介绍如何使用。
- 若是设备有问题，应向客人表示歉意，并立即通知维修人员进行修理。

服务技能

服务员对工作的态度和对客人的礼貌程度，对楼层接待服务效果有很大影响，因此竭尽忠诚，以礼待人，是做好楼层接待服务的基本条件。服务员要根据客人的个性需求，运用楼层接待的服务规范，以热情的服务态度、整洁的服饰仪表、端庄的行为举止、良好的沟通技巧，解答客人的各种疑问，真心实意地关爱客人，使其称心入住。

迎接客人接待礼仪

- 接到来客通知后，楼层服务员要有礼貌地站在梯口旁，恭候客人的到来。
- 客人到达后，服务员要亲切主动问候："××小姐（先生）您好，欢迎光临！"并行15°鞠躬礼。
- 如饭店不设行李员，对客人手中的行李或物品要主动帮助提携。
- 对老、弱、病、残的客人要主动搀扶，给予热情的关心和帮助。
- 引领客人时要在客人左前方约1.5 m，按客人的步速轻步前行，直到预订客房的门口。
- 开房门时，应轻轻地转动门把手，打开后立即将门卡插入亮灯座，侧身一旁并靠门侧靠立，敬请客人进房。
- 客人进房后，针对不同客人的身份与需求，灵活地递上茶水或冰水和纸巾，并说"请用纸巾"或"请用茶"。
- 待客人坐下休息后，根据客人的实际情况，有礼貌地介绍房间设备及其使用方法，同时简介饭店的各种设施服务项目，帮助客人熟悉环境，便于客人使用。
- 在确认客人没有其他需求后，应向客人礼貌告别。退出房间时，应先后退一步，再转身走出，待到门口时，面向客人退出房间，同时把门轻轻关上让客人安心休息。
- 客人到达楼层后，如因长途旅行疲劳或已是深夜，急于得到安静的休息，那么，接待员要随机应变，简化某些服务环节，让客人及时休息。
- 客人离开饭店时，应事先主动询问，是否提前用餐，要不要提供出租车等。客人离开房间时，服务员应礼貌地送客人到电梯旁，并祝客人"旅途愉快，一路平安"。多数客人乘坐飞机忌讳"一路顺风"，可向客人道别："欢迎再次光临！"

▲ 送别客人礼仪

客人离开客房是客房接待服务的最后一个环节。前面的接待服务环节是让客人来得满意，住得高兴，而最后的这个环节是让客人走得愉快。如果这个环节做得好，会加深客人对前面环节的好印象。

- 当客人离店时，应询问客人是否要提前用餐或准备盒饭，早晨离店的客人是否需要叫醒。还应询问客人有什么需要帮助的事情。如果有的事情在本部门不能完成，应及时与有关部门联系，共同协作，做好客人离店前的准备工作。
- 客人离开客房时，客房服务员要把客人送到电梯口或楼梯口，并与客人道别："谢谢您的光临""再见""欢迎您再来"。如无行李员，应有一名客房服务员帮助客人提拿行李，并陪送至大厅。对老、弱、病、残客人要有专人护送下楼。
- 客人走后要迅速进入房间，检查有无客人遗忘的物品。如有，应立即派人追送，设法当面交还客人。如送不到，应交前台登记保管，以便客人寻找时归还。同时要检查房间物品设备有无丢失或损坏。如有损坏，应用婉转的语言请客人协助解决，无论如何不能使客人当众难堪。

楼层接待服务礼仪包括梯口迎接礼仪、引领入房礼仪、介绍房间礼仪、礼貌送别礼仪，具体内容如表 9-1 所示。

表 9-1　楼层迎送接待礼仪

内容	操作要点	作用
梯口迎接礼仪	（1）等候礼仪 仪容仪表整洁、规范、美观，表情自然亲切、大方得体，以体前交叉式的标准站姿等候客人 （2）迎宾礼仪 客人抵达时，面带微笑，礼貌问候，热情欢迎，行 30°鞠躬礼，并做自我介绍："李先生，晚上好，我是客房服务员××，很高兴为您服务。"根据不同的节日，施以不同的节日问候："新年好！""圣诞快乐！"	迎宾服务既是客人亲身体验饭店服务的开端，备受客人关注，也是构建饭店品牌的重要因素。热情、有礼、周到的服务使客人感到宾至如归

视频：梯口迎接礼仪

续表

内容	操作要点	作用
引领入房礼仪	（1）引领礼仪 　　礼貌地请客人出示房卡，确认房号，帮助提拿行李，迅速引领客人去房间；走在客人侧前方约 1 m 处，如遇拐弯、上下楼梯，应停下向客人示意。团体客人要按房号分别引领到房门口，让客人入房，同时照顾到其余客人 （2）入房礼仪 　　到房门口，用中指节或食指节轻轻敲门三次，每次三下，间隔 2～3 s，然后开启房门，房间插卡给电后退出，侧身用手示意，敬请客人进入，随后进屋将行李搁在箱架上或遵照客人意思放好，再帮客人挂好外衣、帽子	热情地满足客人的各种需求，让刚刚入住的客人感受无微不至的关爱。动作迅速，忙而不乱，给予客人最大限度的照顾和帮助，让客人感受到温馨的客房服务
介绍房间礼仪	（1）介绍礼仪 　　客人进房坐定，给客人送去毛巾和迎宾茶。根据情况，礼貌地向客人介绍房内设备及使用方法、餐厅、商场等酒店服务设施及服务时间，帮助客人熟悉附近的环境 （2）征询礼仪 　　征求客人的意见："请问还有什么我能为您服务的吗？客房服务中心的电话是……您随时可以询问。"	以热情的服务态度、良好的服务礼仪，解答客人的各种询问，语言得体，简明扼要，恰到好处，真心诚意地服务客人，使其称心入住
礼貌送别礼仪	（1）道别礼仪 　　了解客人的需求并尽力提供帮助，检查客人委托代办事项是否已经办妥。在房门口、走廊或电梯口鞠躬 45°，与客人礼貌道别并祝客人愉快 （2）规范离房 　　退出房间时，面向客人后退两三步，转身，将门轻轻带上 （3）楼梯送客 　　主动热情地为客人按电梯。当电梯到达时，用手挡着电梯门，请客人进入电梯，并协助行李员将行李送入电梯、放好，鞠躬告别："祝您一路平安，欢迎再次光临。"对特殊的客人，要有专人护送	这个过程非常短暂，服务快捷便利，注重礼仪，成为客人满意的服务保证。根据实际情况，为离店客人安排行李服务，在房门、走廊或电梯处与客人礼貌道别，令客人感受到服务的真诚与热情

视频：引领入房礼仪

视频：介绍房间礼仪

视频：礼貌送别礼仪

综合训练

◢ 楼层接待服务礼仪训练

　　按照楼层接待服务礼仪规范评价内容，小组合作以服务情景剧的形式进行服务规范训练。按照接待服务规范评价标准，进行个人评价、小组评价和师生评价，确定个人的努力方向。如表9-2所示。

表9-2 楼层接待服务礼仪训练评价

评价内容	评价标准	个人评价	小组评价	师生评价
仪表礼仪	着装得体，面容清洁，发型美观，不佩戴饰物			
	表情自然诚恳，精神振奋，情绪饱满			
仪态礼仪	举止端庄稳重，手势规范适度			
	站立时头正、肩平、目光平视、挺胸、收腹、并腿			
	行走轻而稳，双臂自然摆动			
迎宾礼仪	面带微笑，鞠躬行礼表示欢迎，并做自我介绍			
	五个服务：主动服务、站立服务、微笑服务、敬语服务、灵活服务			
	五声：客人来店有欢迎声，客人离店有告别声，客人表扬有致谢声，工作不足有道歉声，客人欠安有慰问声			
	文明用语十个字：您好，请，谢谢，对不起，再见			
	服务七语：您好、对不起、谢谢、打扰了、久等了、欢迎光临、请			
引领礼仪	礼貌地请客人出示房卡，确认房号、签名、登记姓名、住房日期、离店时间等			
	带客进房时，要视房间位置走在客人的侧前方约1 m处。引领过程中如遇拐弯、上下楼梯，则应停下向客人示意			
	到房门口，放下行李，轻敲房门，用客人的钥匙或门卡打开房门后请客人进入并退出			
	服务员提行李进房后，征求客人意见，摆放行李			
房内介绍	向客人简单介绍房内设备、酒店服务项目等			
	征求客人的意见，是否还需要其他的协助，告诉客人客房服务中心的电话，以便有事时联系			
礼貌离房	最后向客人道别并祝客人在饭店生活、居住愉快			
	退出房间时，面向客人后退两步，走到门口时面向客人将门轻轻带上			
努力方向：		建议：		

◢ **与客人沟通礼仪训练**

［训练一］ 引领入房时，发现房间尚未清理好，服务人员的语言沟通礼仪应该怎样？小组表演，大家讨论，共同提升。

真诚道歉，主动提出A、B两种服务方案。

A．向客人作出解释，帮客人将行李放在房内，然后请客人到大堂稍作休息，向客人保证立即整理好房间。房间整理好后第一时间通知客人。

B．为客人做好换房服务，安排好客人入住之后，恰当地向客人作出解释，取得客人的谅解。

［训练二］ 客人离房时，客房服务员检查发现少了一个衣架，怎样与客人沟通才能既追回用品又无损客人自尊？小组表演，大家讨论，共同提升。

在客房服务员确认用品缺少后，由前台服务人员向客人介绍情况，并请客人配合到房内寻找，本着保护客人和饭店利益的原则，愉快解决。若客人在房内找到用品，应感谢客人的帮助，并因为打扰客人、浪费客人时间表示诚恳的歉意。若用品无法找到，应由前台与客人沟通解决，并消除不必要的误会和纠纷，维护好客人与饭店之间的关系。

［训练三］ 房间地毯被烟头烫坏，需要客人赔偿，客房服务人员怎样解释才能既解决问题又维护客人与饭店的关系？小组表演，大家讨论，共同提升。

告诉客人饭店有严格的查房制度，提供给新入住客人的房间，均经过严格检查，一旦发现地毯损坏，饭店会立即维修，确保提供的客房完好。同时理解地毯的损坏绝不是客人有意为之，饭店维修需要费用，还要停用该套房间，请客人理解需要赔偿的处理。

服务人员尊重客人的意见，争取客人的理解，解释令其信服，使客人感受饭店服务的规范与严谨，既能够解决问题，保护饭店利益，又可以维护客人与饭店的关系。

拓展阅读　以人为本

"以人为本"就是要重视具体实施服务的一线员工。客人是服务质量的裁判，而员工是优质服务的基本保证。"没有满意的员工，就没有满意的宾客。"如果缺乏一批具备高度的工作责任感和娴熟的服务技能的高素质员工，即使拥有再豪华的硬件设备、再先进的管理方法，也无法保证向客人提供高质量的服务。"以人为本"就是充分强调普通酒店员工在质量控制过程中的重要作用，重视对全体员工的培训与激励，使质量意识深入每个员工的心中；同时充分调动员工的工作积极性，为质量控制出谋划策。管理者应运用多种激励手段弘扬服务意识，促使全体员工意识到集体利益对个人的重要性，发自内心地把保持和提高酒店的服务质量当作自己的天职，自觉自愿地去钻研服务技能，从而提高服务质量。

酒店管理部门通过对员工进行职业道德、业务技能的教育和培训，从思想上确立积极的服务意识，并可以通过一系列行之有效的奖惩制度和措施，使员工在行动上加以贯彻落实。在加强员工培训的同时，管理者还要充分信任员工的能力和判断，鼓励员工对服务质量的控制和管理提出合理化建议，不轻易否定员工的想法和建议。由于是普通员工面对客人，而不是管理者直接面对客人，所以一线员工对对客服务程序中出现的问题有最大的发言权。"以人为本"就是要充分发挥普通员工的工作积极性和创造性，集思广益，进而推动服务质量提升。

案例　拜访迁走的常客

迎客宾馆有一位姓王的常住客人，最近突然从本宾馆迁到对面的一家饭店住宿。客房部经理知道后，亲自上辞谢客人，问其原因。这位客人说："客房服务员是'鹦鹉'，每次见到我只会'鹦鹉学舌'地说'您好，先生'，而对面饭店客房服务员是'百灵鸟'，我每次碰到服务员时，总能听到曲目不同的悦耳歌声，这使我心情舒畅。"

评析

称呼客人的姓氏，对客人来讲是一首最美妙的音乐。"您好，先生"对初来乍到的新客人来说，是一句很礼貌的问候语。但是，对常住客人来讲，却显得陌生。因此，酒店应把常住客人当作老朋友来看待，首先要注意称呼客人的姓氏如"王先生"，这种称呼不仅尊重客人，而且也是客人爱听的话。所以酒店应该根据客人的职务、喜好、性格等特点，说一些充分体现饭店关心客人的话，如"祝您万事如意"等。

考核指南

小组练习

以 4~6 人为一个小组，将全班同学分为若干个小组，各小组选一位组长带领组员，分步完成客人入住的客房楼层接待和离店服务礼仪。

综合实训评价

按照能力评价表，进行个人评价、小组互评和师生评价。如表 9-3 所示。

表 9-3 客房楼层接待和离店服务礼仪学习评价表

内容			评价	
学习目标		评价项目	小组评价	师生评价
知识	应知应会	楼层接待服务礼仪		
		离店服务礼仪		
能力	专业能力	运用热情迎宾礼仪		
		运用规范引领入房礼仪		
		运用房内介绍礼仪		
		运用离店服务礼仪		
	通用能力	组织策划能力		
		表达沟通能力		
		解决问题能力		
		自我管理能力		
		创新开拓能力		
态度		热爱客房服务工作，对待客人亲切、真诚		

教师、同学建议：

评价汇总：
A. 优秀
B. 良好
C. 基本掌握

努力方向：

第十专题
客房内服务礼仪

客房内服务即服务人员面对面地为客人提供各种服务，满足客人提出的各种符合情理的要求。服务员应注重细节服务、情感服务，不遗余力、精益求精地通过一系列规范化、个性化的客房服务礼仪，满足客人住店期间的需求，使其工作和生活得温馨舒适、轻松愉快，感受到服务的超值甚至惊喜，获得宾至如归的感觉。

基础知识

客房服务员的必备素质

- 品行端正，具有良好的职业道德。

  客房部的员工经常出入客人的房间，有机会接触到客人的行李物品。如果没有良好的道德品质，利用工作之便拿走客人的物品，就会给酒店的形象与名誉带来不可估量的损失。

- 工作态度好，踏实认真，能吃苦耐劳。

  客房部的主要工作是清洁卫生，如客房卫生、公共卫生、洗涤衣服等，因此，客房部员工必须不怕脏，任劳任怨，具有吃苦的精神。

- 具备较强的卫生意识和服务意识。

  客房部的服务员要有强烈的卫生意识、服务意识，为客人提供满意的服务。

- 掌握基本的设施和设备维修保养知识。

  酒店客房内有很多设备设施，如各种灯具、空调、地毯、窗帘、音响、电视、写字台等，一般由酒店的工程人员专门负责维修，但平时的保养工作由客房部负责。客房部的服务员必须利用每天清洁客房的机会，做好对这些设备设施的保养。一些小的维修项目如检修空气开关、电源插座、灯具等，一般也由客房部来负责。

- 具备一定的外语水平。

  在接待外国客人时，服务员要能用适当的外语为客人提供服务。

客房服务员的礼仪要求

- 接听电话。

  先通报"这里是客房服务，有什么需要帮忙的吗？"通话时注意措辞和语气，重要的事情应适当记录，并进行复述。

- 不能与客人发生争执。

  在工作过程中不能失态，要有耐心、有教养，善于控制自己的情绪。客人不慎损坏易耗物品，应给予安慰并马上更换，不能流露出厌烦情绪和责备口气。

- 尊重客人的隐私权。

  不能利用工作之便探听宾客的年龄、收入、婚姻状况等隐私。客人若是演艺界人士和政界要人，服务员不能随便向外人透露客人信息，不能向客人要签名或照片。

- 保持楼层的安静。

工作时应轻声细语，应答时不能大声，如距离较远听不见，可以点头或用手势来示意。客人在开会、座谈而又需要叫客人接听电话，应到客人身边轻声告知。

- 乘电梯。

  上下班及工作时，只能乘员工专用电梯，而不能使用客用电梯。

- 与客人交流彬彬有礼。

  交谈时，"请"字当先，"谢谢"收尾。进入客房与客人说事应简明扼要，注意语气、语调和语速。

- 客人交谈时，不要插话或以其他形式干扰；不能当着客人朋友的面要求付账。

- 不得在客房内与自己的亲友会面交谈；不能与其他服务员聚在一起议论宾客的仪表、生理缺陷、行为习惯等，不能给宾客起绰号。

- 把握与客人交流的尺度。

  被宾客唤进客房应半掩房门，在客人房间不能随便坐下。不得主动先伸手与客人握手。不要与客人长谈，以免影响客人休息。如果遇到个别客人有失礼言行和过分举动，应保持冷静，有礼有节，不卑不亢，避免与客人发生口角。

- 掌握拒绝的艺术。

  客人提出的要求无法满足，应该向客人说明实际情况，用委婉的语言拒绝，或作详细的解释，取得客人的谅解。

- 主动、诚恳地道歉。

  对宾客的投诉要耐心倾听，虚心接受，马上改正。即使错在宾客，也不要与之争辩，待宾客消气后，再婉转解释，消除误会，取得谅解。

客房服务用语

- 要求开房间时："请出示一下您的房卡好吗？"
- 有人找住店客人，如客人在房间，应电话通知住店客人："先生/女士，您好！大厅内有××先生来访，您方便会客吗？"客人同意，应询问："需要为您上访客茶吗？"如客人不在应讲："对不起，××先生/小姐不在，有什么事我可以转达吗？"客人不见，应对访客讲："对不起，××先生/小姐现在不方便会客。"
- 请访客在大厅就座后，应讲："先生/小姐，需要我为您做点什么？"
- 派人给客人送衣服前电话询问客人："先生/小姐，您好，您的衣服已洗好了，可以给您送到房间吗？"
- 上欢迎茶和免费水果时，应讲："您好！先生/小姐，这是给您上的欢迎茶和免费水果。"
- 给客人加婴儿床时应说："先生/小姐，您看婴儿床放在哪里合适？"
- 如房间小整过程中客人回来，应致歉："您好！先生/小姐，我们正在为您打扫房间，现在可以继续清理吗？"为客人整好房间后，应讲："如有什么需要，请拨打电话××××与我们联系。"
- 如客人的物品寄存在前台，应提醒客人："先生，前台有您寄存的物品。"
- 转送物品应提前与客人联系："先生，××部门送您的××，现在方便给您送去吗？"
- 客人要的物品酒店没有，应道歉："对不起，先生，您要的东西我们正在帮您联系，联系到后马上给您送到房间。"
- 访客要求进入保密房，出于对客人负责应讲："对不起，您说的客人不住在我们酒店。"
- 如果客人到客房部大厅找洗手间或公用电话，应提醒客人："对不起，先生，公用卫生间（公用电话）设在综合楼。"
- 当不知如何回答客人的问题时，应讲："对不起，先生，请稍等，我给您问一下，稍后给您答复好吗？"
- 当有特殊情况需用客人房间的电话时，应先征求客人的意见："对不起，先生，我可以用一下您房间的电话吗？"
- 如客人打出"请勿打扰"的示意灯（牌），客人不在，未清理房间，应对客人讲："对不起，先生，您的房间一直显示"请勿打扰"，我们没给您打扫房间，您看什么时间给您打扫？"
- 客人打出"请勿打扰"的示意灯（牌），客人在房内，在14:00后打电话询问客人："××先生，您好！打扰了，我是客房服务员，请问您需要什么时间打扫房间？"
- 如遇到客人投诉，自己解决不了的，应对客人讲："对不起，请稍等，我马上请示领导。"
- 如果客人在房内，未插房卡，按门铃客人开门后，应讲："您好，请问可以给您打扫房间吗？"
- 当客人不会使用按摩浴缸时，应对客人讲："您好，我帮您示范一下吧！"
- 访客来访，应讲："请问您找哪个房间的客人？"或"请问××房间客人怎么称呼？"若访客说得对，应讲："请稍等，我帮您联系。"
- 接听电话时，另一部电话响了，应讲"请稍等"，再接另一部电话。当回到第一部电话时，应对客人表示歉意："对不起，先生，让您久等了。"
- 当客人提出购买房间的物品留念时，应对客人讲："请稍等，我马上给您联系。"
- 发现客人房间的房门未关上时，应给客人打电话："您好，××先生，我是服务员，您的房门没有关，为了您的安全，请把房门关上。"
- 把客人的留言（传真）递给客人："您好，××女士，这是您的传真。"
- 如访客要求给客人转送物品，应讲："对不起，请您到前台办理寄存手续。"
- 请客人签酒水单时，应讲："请您确认一下您房间用过的酒水。"
- 给客人送餐前，应打电话："您好！先生，我是客房服务员，您订的餐可以送到房间吗？"
- 在给客人送物品进房间后，应讲："您好！先生，这是您要的×××。"
- 上欢迎茶进入房间后，应讲："您好！先生，请问我可以进来给您送茶吗？"客人同意后，将纸巾放在茶几上，伸手指示："请用纸巾。"将茶水放在纸巾一侧，讲："请用茶。"上茶完毕后，讲："请慢用，如果您还有什么需要，请拨打电话××××与我们联系，祝您居住愉快！"

▲ 客人提出低层看不到景观时，应讲："您好，请稍等，我帮您联系前台，给您调个高楼层。"
▲ 客人在房内，给客人开夜床时，应讲："您好！××先生，现在可以给您开夜床吗？"
▲ 客人要求洗衣，进入客人房间后，对客人讲："您好！××先生，您要洗衣服，是吗？"
▲ 客人嫌房间打扫得太晚时，应讲："对不起，先生，我们马上给您打扫。"
▲ 客人对提供的水果不满意（设备设施出现故障）时，应讲："对不起，都是我们工作失误，马上给您更换（马上联系，给您维修）。"
▲ 访客来找客人，而客人不在自己的楼座时，应对客人讲："我帮您与前台联系查询。"
▲ 客人要求购买房间内的物品而又嫌贵时，应讲："对不起，这是酒店规定的价格。"

房内会议服务

房内会议服务礼仪分为会议准备礼仪、用品摆放礼仪、会议服务礼仪、会后整理礼仪4项，操作要点及标准如表10-1所示。

表10-1　房内会议服务礼仪

内容	操作要领及标准
会议准备礼仪	了解会议类型。进行小会场（客厅）布置和提供相应的会议设施（多媒体设备、黑板、板书用笔、黑板擦等）
	了解到会人数。准备相应的座位、会议物品、茶具等，在摆放座位时，椅子的间距应为15～20 cm。茶具摆放在右前方，茶杯把手朝向客人右手方向，离桌边约30 cm。茶杯要等距离摆放
	了解会议时间及日程安排，做到专人服务
	了解会议提供何种饮品，如茶水、饮料、矿泉水或水果、点心等
	了解会议性质，会前准备工作充分，减少打扰客人的次数
	了解会务组房号，便于查询、沟通，及时获得服务信息，提供更周到、细致的服务
	了解特殊要求，与主办客人协商后做好服务准备

续表

内容	操作要领及标准
用品摆放礼仪	便笺放在座位正前方，下端距桌边约 5 cm
	签字笔、红蓝铅笔放在便笺的右侧，笔尖向上
	茶具放在便笺的右上方，茶杯放在垫盘内，垫盘上放一个杯垫或一条小毛巾，杯把朝向客人右手一侧，与桌边成 45°角
	烟灰缸每两位摆放一个，在两座位之间，或按客人要求做
	座位卡放在座位居中距上桌边约 5 cm 处
	根据需要准备白板笔和白板刷、视听设备、鲜花等物品
会议服务礼仪	与会客人到达时，应打招呼问好，为客人开门，礼让入房
	客人就座后，按次序为客人泡茶并说"请"。泡茶时将杯盖反扣在桌上，再将茶杯端起，侧身弯腰将水倒至七分满为止，放回桌上，杯把向右，盖上杯盖
	会议期间定期更茶续水或补充饮料，续水不宜过于频繁，服务时要做到说话轻、走路轻、操作轻
	保持安静，无关人员回避；服务人员应配合保安人员做好安全服务。服务人员动作要快捷、及时，不能因自己的原因造成混乱、冷场等情况
	遇有电话找人，应问清被找人的姓名，轻轻开门，低声向被找人讲明情况
会后整理礼仪	会议结束时，与客人道别
	清洁整理房间，重新布置客房

▲ 管家服务

▲ 管家服务的含义。

　　高规格 VIP 散客和团队客人入住以及高规格的会议和商务活动的接待，需要饭店为客人提供品质更高的服务，为此饭店创新推出管家服务。管家服务采用一站式服务模式，以"深知您意、尽得您心"的服务理念为核心，按照客人的需求、习惯和喜好设计与提供其住店全过程所需的服务。管家服务具有高度的人性化和个性化，是更专业和私人化的跟进式服务或贴身服务，是集饭店前厅、客房和餐饮等部门的服务于一身的服务。饭店管家的综合素质极高，经过严格选拔和专业培训的优秀服务人员才能胜任。实践证明，饭店管家服务提升了饭店的品质，使客人感受到超出预期的尊贵、舒适和便利。

▲ 贴身管家的素质要求。

- 具有大专及以上学历或同等文化程度，受过旅游饭店管理专业知识培训。
- 具有 3 年以上酒店基层管理、服务工作经验，熟悉酒店各部门工作流程及工作标准。
- 具有较强的服务意识，能够站在客人的立场提供优质服务，有大局意识，责任心强。
- 具有较强的沟通、协调能力，能够妥善处理与客人、各部门之间发生的各类问题。
- 了解宾馆的各类服务项目，本地区的风土人情、旅游景点、土特产，具有一定的商务知识，能够简单处理与客人相关的商务材料。
- 具有良好的语言沟通能力，至少熟悉并掌握一门外语。

▲ 管家服务的注意事项。
- 注意客人的尊称，能够用客人的姓名或职务来称呼客人。
- 注意客人是否有宗教忌讳。
- 将自己的联系方式告知客人，向客人介绍管家服务职能是 24 小时为客人提供服务。
- 注意客人的性格，选择相应的沟通、服务方式。
- 根据客人的政治级别，及时与有关部门联络。
- 每天验证客人的行程，及时掌握客人的活动路线，并与有关部门沟通，提供准确信息。
- 注意客人的浴巾、浴袍、床上用品的绣名是否正确。
- 注意房间的温度、气氛（味）及音乐是否调到适宜。
- 注意客人遗留衣物应洗好妥善保存，下次入住前提前放至房间。

服务技能

　　客房是宾客主要的休息场所，客房服务员以真诚服务客人、满足客人需求为宗旨，以保障客人和饭店利益为目标，注重服务礼仪，使用礼貌用语，服务周到、细致，时时留意、体察来宾的需要，主动热情、有针对性地为宾客提供一个清洁、安静、温馨的生活环境，使来宾感到方便、舒适、称心，不断地提升服务品质，让客人留恋美好的饭店时光。

▲ 客房服务员进门前，先要看清门外"请勿打扰"的红灯是否亮起或者留意把手上是否挂有"请勿打扰"的牌子或者锁中露出红色标志——表示已上双锁，避免冒失、唐突之举。

▲ 进房时，必须讲究礼貌，先按两下门铃，未见动静，再用中指骨节有节奏地轻敲三下房门，同时自报"Housekeeping"。如客人来开门，则有礼貌地说："对不起，打扰了，我是客房服务员，现在可以打扫房间吗？"在征得客人同意后方可进入，并把门半掩着，千万不要关门。如客人听到敲门声后说"请进"，应轻轻将门推开，并说："现在可以打扫房间吗？"待得到客人允许后再清扫。如果仍不见动静，可再继续敲三下门，再不见回答，可用钥匙开门。若发现客人正在睡觉，应轻轻将门关上。如房内无人，则可开始打扫，但门必须全开着。

▲ 在打扫客房时，不得擅自翻阅客人的文件，移动客人物品，打扫后物品放回原处。切勿移位或摔坏，更不得向客人索取任何物品。在服务过程中，不得在客房内看电视、听音乐、翻阅报刊或使用电话，更不能接听客人的电话，亦不能趋前旁听，如因工作需要，可说："先生，对不起，打扰了。"

▲ 不得向客人打听私事。如有宾客在交谈，不要插话。

- 清扫时如宾客挡道,要客气地请求客人协助:"先生,对不起。我想从这里走,行吗?"
- 整理房间时,应尽量避免干扰客人的休息与工作,最好是在客人外出时打扫。如客人在房内离开时要说声:"对不起,打扰了,谢谢!"然后有礼貌地后退一步,再转身走出房间,将门轻轻关上。
- 工作时,不要与他人闲聊或大声说话,夜晚讲话要轻声细语。在过道内行走,不要并行。遇急事不要奔跑,以免造成气氛的紧张。不得影响客人休息,在过道内行走一般不得超越客人,如有急事要表示歉意,再快步前去。
- 平时遇到客人外出或回房,都要微笑点头示意或问候、打招呼,切勿视而不见,不予理睬,一走了之,这是对客人极大的不尊重。
- 逢客人过生日,要主动上门祝贺。
- 客人洗熨衣服,要及时取送,不得延误弄错。
- 满足客人提出的一切正当要求。客人接待来访者要按客人的要求,备足茶杯,供应茶水,勤添毛巾、香皂等。
- 为客人提供擦皮鞋之类的服务以方便客人。
- 如客人身体不适,要主动、热情地询问是否需要送医院诊治。
- 不要先伸手与客人握手;不逗弄或抱客人的小孩;与客人不要过分亲热;与客人接触,应以礼相待,不得有粗俗之举。
- 严格按照清扫、整理的程序和规范对客房进行打扫,使之达到饭店规定的质量标准,这是对客人最大的尊重。

客房服务礼仪一般包括清洁服务礼仪、日常服务礼仪、生活服务礼仪、商务服务礼仪、VIP 服务礼仪 5 项内容,具体如表 10-2 所示。

表 10-2　客房服务礼仪

内容	操作要点	作用
清洁服务礼仪  视频:清洁服务礼仪	(1)时间的选择 清扫、整理应在客人外出时进行。有"请勿打扰"的提示时,不能进房。到下午两点时,服务员可打电话到该房间:"您好,我是服务员,请问现在方便打扫房间卫生吗?" (2)进房礼仪 每次进入客房必须轻敲三下门,过 5 秒再敲三下,若无回音,缓缓推开门,把"正在清洁"牌挂在门上。若有客人,应立即自报身份,进入房间后应说明来意,征得客人同意后方能做房间清扫。打扫房间时应一直开着门 (3)整理礼仪 动作轻稳、迅速。不能随便接电话和使用客房电话,不得动用、翻阅客人的物品。桌上的书报、文件、化妆品等,只稍做整理即可,不要弄乱、翻动,切勿随便扔掉	看似平凡、琐碎的服务,却是客人的生活必需,服务人员应该注重客人需求,注重细节服务,注重情感服务,超出客人对生活便利服务提供的预期,尽心尽力,符合客人的心愿,达到使客人觉得便利和称心、满意

续表

内容	操作要点	作用
日常服务礼仪	（1）称呼礼仪 　根据客人的性别和身份，礼貌地称呼"先生""女士"等 （2）问候礼仪 　见到客人要笑脸相迎："您好！欢迎您。欢迎光临！"节假日应特别问候，如"新年好！""圣诞快乐！" （3）特殊服务礼仪 　客人生日，送上祝福："祝你生日快乐！"客人身体不适，主动问候："请多保重，是否需要我去请医生来？" （4）遇客礼仪 　平时见到客人，要主动招呼。与客人相遇要点头致意并主动让路。如有急事要超过前面的客人，要先致歉，然后加快步伐超越。不能在走廊奔跑，造成紧张气氛。如宾人挡道，应礼貌招呼，请求协助	服务礼貌、热情、周到、主动。观察客人的喜好忌讳，注意客人的身体变化，掌握客人的特殊要求，为客人及时提供各种周到细致的服务，最大限度地满足客人的正当要求
生活服务礼仪	（1）洗衣服务礼仪 　① 收取客人衣物礼仪：接到客人洗衣要求后，服务员迅速前往客人房间收取 　② 清点检查礼仪：按照洗衣袋内客人填写的洗衣单，核对房号，清点件数，检查并注明衣服褪色、污损，纽扣脱落、衣袋遗留物品等情况。客人不在，可在"客人衣物服务单"上注明情况，回来后说明。钱物及时登记并交还客人。衣物可能褪色、缩水时，应提前向客人说明。贵重衣物需客人在"客人衣物服务单"上签名确认 　③ 送洗返送礼仪：洗衣房服务员在15：00将洗好的衣服送回楼层。客房服务员进行核对，及时送还客人，讲明件数、金额，客人查点清楚后再离开房间 （2）房内送餐服务礼仪 　① 接受订餐礼仪：以电话或其他方式热情礼貌地接受客人订餐。准确记录，记完后向客人复述一遍，输入计算机 　② 送餐服务礼仪：依指定时间用客房专用餐车送餐，食物不多可用托盘。规范进房，见到客人微笑说："您好！打扰了，我是来给您送餐的，我是送餐服务员，餐桌摆在这里好吗？"客人同意即开台摆位并询问客人是否还有其他需要。准备好账单并询问结账方式，请客人在账单上签字。问清需要何时收台，祝客人用餐愉快。向客人道谢、道别，轻关房门 　③ 餐后整理：约1 h后收餐，征得客人同意，将客人用过的餐具和用剩的食物撤出房间，保持房内清洁。离房时与客人礼貌道别	服务人员通过规范化、个性化的客房服务礼仪，不遗余力地让客人感受到服务的超值甚至惊喜，依据客人的需求、生活习惯、个性爱好，在服务过程中付出真诚，给予客人家人般的关爱

续表

内容	操作要点	作用
商务服务礼仪	（1）会客服务礼仪 ① 会客准备礼仪：问清客人来访人数、时间，是否要饮料、鲜花，有无特别要求。在来访前半小时做好所有的准备 ② 会客接待礼仪：礼貌地询问访客的姓名、有无预约，办理访客登记手续；电话征得客人同意后，将客人房号告知访客或带访客去客人房间；来访者进客房后，递送小毛巾、茶水。若访客超过三人，还要添加座椅，主动询问客人有无其他要求 （2）房内办公服务礼仪 ① 明确需求：为了避免过多打扰，服务员应提前与客人沟通，确定整理客房的时间 ② 清洁整理：按照约定的房内服务时间和客人的服务要求高标准完成清洁整理服务。将客人的文件码放整齐，注意文件保密。递送文件时，应微笑着注视客人，用双手迅速、准确递送 ③ 生活便利：及时做好房内送餐、洗衣服务、小酒吧服务、物品租借等服务	常规性的商务活动包括客房内办公或会晤等，提供有针对性的商务服务礼仪，服务准确、高效，以确保客人生活舒适、工作顺利
VIP 服务礼仪	（1）迎领接待礼仪 提前10分钟到大厅迎候客人，客人到达后做简单介绍，引领客人至房间，介绍宾馆设施及房间情况。客人进房后送欢迎茶及免费水果 （2）服务跟进礼仪 ① 与各部门密切配合安排客人的客房及餐饮服务； ② 根据客人需求每日为客人提供房内用餐服务、洗衣服务、叫醒服务、商务秘书服务、用车、日程安排、当日报纸、天气预报、商务会谈、休闲等24小时细致、周到的服务 ③ 观察和收集客人的喜好，妥善处理客人的意见和建议 （3）离店服务礼仪 ① 掌握客人离开的时间，为客人安排车辆、叫醒服务和行李服务 ② 了解客人对酒店的满意度，确保客人满意离开	VIP 入住，需要饭店提供品质更高的服务。以"深知您意、尽得您心"的服务理念为核心，按照客人的需求、习惯和喜好提供高度的人性化和个性化、专业化的跟进式服务礼仪，提升饭店的品质，使客人感受到超出预期的尊贵、舒适和便利

视频：商务服务礼仪

视频：VIP 服务礼仪

综合训练

［训练一］ 当一件黑色双排扣西装送回客房中心时，验收员发现西服少了一粒纽扣。查看洗衣单，上面没有少纽扣的记录。找遍洗衣房，仍然找不

到纽扣。验收员如何应对：

A. 坦诚地面对西装的主人，告知实情，为了表示歉意，客房中心免去其衣物洗涤费用。

B. 立即为客人的西装配上相同的纽扣，及时送还客人。若万一因为换纽扣而耽误衣服的送还，应恰当地解释，提前取得客人同意，再立即行动，争取尽快做好服务。即便是有少了纽扣的记录，也应该为客人补上纽扣。

C. 不必告知客人少了纽扣，待客人询问再作解释，若客人需要可以为其补上纽扣。

小组分析：A 的做法不妥，没有解决客人缺纽扣的问题，免去客人衣物洗涤费用无太多意义。B 的做法最为合理，本着真心诚意帮助客人的原则，解决问题。C 服务便错上加错，肯定会招致客人投诉，即便随后进行服务补救，也会影响饭店的服务品质。

［训练二］ 1206 房间的客人要求房内用膳。"先生，您需要用些什么？""一份红烧乳鸽、一条清蒸鲈鱼、麻辣豆腐、番茄蛋汤加两碗米饭。""好的，先生。"服务中心立即通知餐饮部房内送餐，大约过了 30 分钟，客人又来电话，开口便一顿骂："想把人饿死吗？还说是五星级，到现在还没送来。"服务员刚要道歉，对方已经将电话挂断，服务员再次催厨房，5 分钟以后晚餐终于送进了 1206 房间。完成房内送餐的同时如何处理好客人的投诉：

A. 迅速送餐，并摆放好饭菜，介绍饭店赠送的果盘，同时表示歉意，祝客人用餐愉快。

B. 迅速送餐，并摆放好饭菜，若客人没有抱怨，不必抱歉，减少打扰客人，立即离房。

C. 立即道歉，取得客人的谅解，同时迅速摆放好饭菜，礼貌离房。

小组分析：A 的做法是在满足客人用餐需求，做出赠送果盘举动之后，再恰当道歉，一般情况下能够取得客人的谅解，注意尽量避免过多地打扰客人。B 的做法没有主动道歉，被动应付客人的投诉，影响饭店服务品质。C 的做法不妥，应先完成房内送餐服务、赠品服务，在客人情绪得到缓解后，恰当道歉，取得客人的谅解，服务效果会更好。若服务人员一进房，客人就抱怨，也应恰当道歉，优先做好用餐和赠品服务，这样容易取得问题的圆满解决。

拓展阅读　星级酒店行政酒廊的设计特点

行政酒廊是酒店的特定区域，位于酒店优越的位置，临近行政套房和其他套房。行政酒廊一般同楼层高度，如不少于 4 米净高，当有两层挑空高度时，可再通过室内设计，以艺术造型的室内楼梯相连通，这种更有魅力的互动空间会获得更有创意的空间效果，带给人一种美好的感受。行政酒廊由接待处、小会议室、阅览区、工作区、用餐区、游艺区和专用卫生间组成。它要与普通客房分开，进出行政酒廊的入口必须在显眼处，标志要清晰。

1. 接待处

负责接待客人入住和结账,并负责门房服务与会议室等工作,同时相邻布置一间小于 10 平方米的办公室,配有影印和传真机、计算机,并与酒店管理系统相连接。

2. 小会议室

配备会议桌、演示投影仪、音频支持设备、白色书写板和遮光窗帘,同时在桌上摆放茶水、咖啡和糕饼,供与会者使用。

3. 阅览区

布置在比较安静的角落,摆放报刊、工具类和生活趣味类书籍,提供舒适的阅读椅、沙发和小茶几,阅读灯和音响系统也是必要的。

4. 工作区

一般布置两张三面环绕的工作台,安放计算机、打印机、扫描仪与传真机等办公设备。

5. 用餐区

服务于行政酒廊客人的早餐、下午茶、鸡尾酒及自助便餐,配备有适当数量的两人、四人餐桌和自助式吧台。备餐间除了基本的烹调设备外,还需要大功率的制冰机和大容积的冰柜。

6. 游艺区

只限于提供四人方桌和六人圆桌,备有简单的游戏设施。

以上区域一般有宽大的沙发或屏风或具有时代气息的艺术品,给这里增添宁静、典雅的文化韵味,其多元化设计给客人带来丰富的视觉体验,有一种真实和亲切的感受。

案例 扔掉了客人所剩无几的护发液,引起投诉

某房间住着一位女客人。服务员在清理房间时,见客人自带的护发液只剩一点,估计没什么用了,便自作主张地将其处理掉了。客人回房发现护发液不见了,非常生气,找到大堂经理投诉。因为她多年来一直使用这种固定品牌的护发液,仅剩的一点是她留着最后一晚用的,明天她就退房了。

评析

整理服务是对住客房而言的,即住客外出后,客房服务员对其房间进行简单的整理。其目的是要使客人走进房时有一种清新、舒适的感觉,使客房经常处于干净、整洁的状态。整理服务是充分体现饭店优质服务的一个重要方面。服务员在清理住客房时,对属于客人的东西,只能稍做整理,不能随意挪位,更不能想当然地将其扔掉。住客是其房间的唯一主人,饭

店必须尊重客人的权利。

考核指南

⚠ 小组练习
- 将班里的学生分成若干小组,各小组选一位组长带领组员,合作编排客房生活服务情景剧,并完成服务礼仪表演。
- 将班里的学生分成若干小组,各小组选一位组长带领组员,合作编排客房商务服务情景剧,并完成服务礼仪表演。

⚠ 综合实训评价

综合评价包括小组之间的互评和教师对各小组工作的系统评价。如表10-3所示。

表10-3 客房生活、商务服务礼仪学习评价表

学习目标		内容	评价	
		评价项目	小组评价	教师评价
知识	应知应会	客房生活服务礼仪		
		客房商务服务礼仪		
能力	专业能力	能够服饰得体,仪容整洁		
		能够仪态优雅,举止端庄		
		能够声音动听,语言礼貌		
		能够进退有度,与人方便		
	通用能力	组织策划能力		
		表达沟通能力		
		解决问题能力		
		自我管理能力		
		创新开拓能力		
态度		爱岗敬业,服务意识		
教师、同学建议:			评价汇总: A. 优秀 B. 良好 C. 基本掌握	
努力方向:				

第四模块
餐厅服务礼仪

    餐厅是宾客用膳的主要场所，是饭店的重要服务部门。其服务特点是：服务员直接为客人提供面对面的服务，面广、量大、时间长、需求多。餐厅礼仪是在餐厅服务工作中形成并得到人们普遍认同的一种礼节和仪式。餐厅岗位的服务人员有迎宾员、引位员、值台员和走菜员，服务人员不仅要掌握各岗位的业务技能，而且必须懂得遵守服务过程中的各种礼仪。因此，餐厅礼仪一般包括餐厅预订服务礼仪、餐厅迎送服务礼仪、就餐服务礼仪和送客服务礼仪。

学习目标

· 知识目标
1. 了解电话预订服务礼仪的基本要求。
2. 掌握中西餐餐具摆放、开餐与就餐服务礼仪的基本要求。
3. 掌握餐厅服务员在引领和送别客人时的礼仪服务要求。
4. 熟悉餐厅特殊问题处理时的礼仪要求。

· 能力目标
1. 具备为客人提供中西餐就餐服务、酒水服务、菜肴服务的能力，使客人在就餐过程中享受到宾至如归的满足感。
2. 具备运用平等自信的礼仪交往原则为客人提供服务并解决特殊问题的能力。

· 素养目标
1. 树立一视同仁、平等待客、有礼有节的服务意识，养成尊重客人用餐习惯和习俗的职业态度。
2. 坚定文化自信，在服务中尊师爱徒，团结协作，互敬互爱。

第十一专题
餐厅预订服务礼仪

餐厅预订是客人常见的餐饮需求,针对客人提出的订餐要求,饭店不仅要一一满足,还要令陌生客人感到服务的热情、被尊重;令常客感受到老朋友般的关照;令准备重要宴请的客人感到放心和满意。注重餐厅预订服务礼仪往往起到画龙点睛、锦上添花、提升服务品质的作用。

基础知识

着工服的礼仪规范

饭店的中餐厅、西餐厅有不同的工服。工服具有鲜明的标识作用，可以区别岗位、工种和身份。
- 必须选统一规定的工服。
- 必须保持工服的干净整洁。
- 不得自行拆改工服。
- 保持工服完好。
- 不得在非工作时间穿工服。

电话礼仪的基本要求

- 迅速接听，礼貌问候，微笑接听，注意接听姿势，接听中要有回应。
- 接打电话时注意力一定要集中，要认真应答，态度要真诚，记录要详细，动作要轻柔。
- 吐字要清晰，声音要平稳，语言要简洁，措辞要得体，解释要耐心，传话要准确。

餐厅预订员推销时应具备的基本素质

预订员要用学到的知识和技巧，列出所有可能的选择，使得客人心中有数，买到他们需要或期望的产品与服务。
- 重视仪容仪表：仪表整洁，彬彬有礼，反应敏捷。
- 优良的推销品质：和谐的人际交往技巧、敏锐的洞察力、积极的推销技巧。
- 正确的角色意识：一视同仁、良好的职业修养、热情的服务态度、良好的销售意识。

西餐宴会厅堂布置

西餐宴会是指采用西方国家宴请所惯用的布置形式、用餐方式、风味菜点而举办的宴请活动。其主要特点是摆西餐台面，吃西式菜点，用刀、叉、匙进食，采取分食制，常在席间播放音乐。

西餐宴会的用餐需求多种多样，有的只需供应简单的三明治、咖啡和茶水，有的则是一顿丰盛的节日大餐。宴会的场所也是五花八门，室内、室外、私人花园、大礼堂等均可举办西餐宴会。

- 环境美观、典雅、舒适、方便。
- 摆设长台，根据客人数量和要求采用"一"字形、"T"字形或"山"字形。客人通道宽畅，台面整洁。
- 大型宴会设主宾席区，中小型宴会设主台。主宾席区和主台均经过精心设计、布置，形象突出，美观雅致。
- 宴会安排根据主办单位要求确定。国宴或重要宴会，主宾席区或主台座次设牌，符合礼仪规格。
- 提前两小时铺台。台面摆花坛或花环，台布美观、典雅。铺台服务在宴会开始前30分钟完成。
- 按照主办单位要求设签到台、演说台、麦克风、音响、射灯、投影等设备，摆放整齐，位置适当，美观大方，协调一致。

西餐服务人员的仪表要求

- 衣着整齐。
- 举止优雅。
- 表情自然，精神饱满，热情洋溢，温文尔雅，彬彬有礼，稳重端庄，不卑不亢，面带微笑，和蔼可亲。
- 容貌修饰得体。服务人员上岗前必须洗脸、修面、化妆，头发要洗、理、吹、做。
- 避免询问有关客人隐私和风俗习惯方面的问题，包括年龄、体重、薪金、财产、婚姻状况、身体残障和缺陷、礼品价值、宗教忌讳、民族习惯等敏感的问题。

服务技能

餐厅预订一般在两种情景下发生：一是当面预订，二是电话预订。一般当面预订是较为有效的方法，餐厅预订员良好的着装礼仪、目光礼仪代表了餐饮部服务人员的整体精神面貌。电话预订虽然客人不在现场，但预订员娴熟的专业技能、优雅的电话接听礼仪，能使客人得到满意的服务，高效地完成宴会预订任务。

餐厅预订礼仪突出着装礼仪、目光礼仪、电话礼仪、聆听礼仪，并懂得突出礼仪的作用，做到既注重外在形象，又注重礼仪内涵。礼仪操作要点和礼仪作用如表11-1所示。

表 11-1 餐厅预订礼仪

内容	操作要点	作用
着装礼仪	（1）着工装 （2）个人卫生 （3）男、女发型 （4）妆容淡雅 （5）饰物佩戴 （6）鞋、袜	饭店服务员掌握着装礼仪，可以使人赏心悦目，同时满足个人自尊自爱的需要
目光礼仪	（1）注视方式 （2）注视方向 （3）注视时间	有效地施目光礼，能表达服务员的服务意图，眼神又有传情达意的作用，更能让客人领会并接受你的表达
电话礼仪	（1）表情自然，姿态优雅 （2）注意力集中 （3）态度亲切 （4）动作迅速 （5）发音清楚 （6）语言简练	电话是商务联系、人际交往、业务咨询的重要媒介。接打电话的礼仪十分重要，正确使用电话能提高工作效率，创造友好的气氛
聆听礼仪	（1）目光专注 （2）恰当的语言 （3）插话的方式 （4）微笑时的眼神 （5）微笑程度	全神贯注地听客人谈话，可以满足客人的自尊心，使客人更有兴致交谈，以便获得重要信息

视频：着装礼仪

视频：目光礼仪（1）

视频：聆听礼仪

综合训练

目光礼仪训练

- 礼仪角色

    请学生扮演订餐服务员和客人。

- 礼仪要求
- 注视位置：以双眼为底线，以唇心为顶角的倒三角区域内。
- 注视方向：平视或仰视。
- 注视时间：目光连续接触一秒左右。

电话里的微笑训练

- 礼仪角色

    请学生扮演宴会预订服务员对着镜子练习。

- 礼仪要求
- 铃响三声内接起。
- 接听电话时用语规范，语速适中。
- 加强练习融入笑容的声音，声音欢快甜美。

- 要有良好的心情和健康的心态。

拓展阅读　西餐发展简史

　　15世纪时出现了餐桌共用餐刀。个人用的餐刀大约出现在17世纪，那时的餐刀尖如匕首，据说法国的黎希留看到有的就餐者在宴会上用餐刀尖剔牙，觉得很不雅观，于是他下令将餐刀尖改为圆头形。圆头形餐刀一直沿用到现在。

　　勺子作为厨房用具，在远古时期已被人们使用。餐桌上用的汤匙是在17世纪出现的。至于茶匙，则是红茶传入欧洲时的产物。大叉子原来只在厨房使用，10世纪拜占庭时期，餐桌上曾出现过较小型的银质叉子，但只是昙花一现。餐巾远在古罗马时期就出现了，不过一直没有被多数人接受。15世纪，人们习惯于用舌舔手，或用上衣揩手，还有的用面包片擦手。不久，有宴会的女主人命令侍者把布制成正方形与桌布搭配，这就是餐巾的起源。

　　16世纪，法国国王亨利四世大帝娶了一位意大利公主为妻，公主是一个喜欢美食的人，她从意大利雇用了大批技艺高超的烹调大师，在贵族中传授烹调技术，这样不仅使宫廷里的菜品质量显著提高，同时使烹饪技法广为流传，促使法国的烹饪业迅速发展起来。

　　后来，法国有位叫蒙得弗德的人，在举行宴会时为了让客人预先知道全宴席的菜品，他让管家在宴会前用羊皮纸写好菜名，放置在每个座位前，据说这就是西餐菜谱的起源。

　　伟大的艺术家达·芬奇的油画杰作《最后的晚餐》描绘了那个时代餐桌的面包、仔牛肉、冷盘、葡萄酒、餐刀及玻璃杯等物品。这是当时基督教徒欢度复活节的圣餐场面。这个场面已经大体具备了西餐的雏形。

　　由于讲究饮食而被人称为美食家的法国国王路易十四（1638—1715年），在宫廷中发起了烹饪大赛，为优胜者发奖章及奖赏，推动了烹饪业的蓬勃发展，一时间，宫廷内佳肴美馔迭出。当时研制出来的菜肴称为宫廷菜，独成一系，在宫廷举行宴会时，一餐的菜品往往多达64种。在宫廷的影响下，上层社会盛行大摆宴席之风，当时的菜单上有冷盘、汤、肉食、水果、点心之类，从这个时期开始西餐逐步趋于完整。

　　宫廷和上层社会的烹调热直接推动了法国烹饪业的发展。1765年，在法国社会上出现了餐厅。1789年，法兰西革命后，面向一般顾客的餐厅如雨后春笋般发展起来，供餐采取每人一份的方法。不久之后，出现了零点菜谱，但只是简化了的宫廷菜。19世纪初期，餐桌上的规矩与现在大致相同。第二次世界大战以后，出现了许多新餐具，并有严格的摆放及使用方法，进而形成了现代西餐摆放和使用的雏形。

案例　处处善待忠诚的顾客

一天中午，某酒店的中餐厅客人很少。12点10分左右，中餐厅来了一位40岁左右的中年男子，迎宾员立刻上前问好："欢迎光临，蔡先生，中午好！就您一个人？"这位被称作蔡先生的中年男子微笑着对迎宾员说："你好啊，就我一个人，今天给我准备了什么好吃的？"迎宾员小王立刻回答："蔡先生，今天中午有您最爱吃的烙馍卷田螺肉，我们知道您的胃不好，特意做了您最喜欢喝的萝卜养胃羹。"蔡先生一听特别高兴："好啊，谢谢你了！"用完午饭后，小王将蔡先生送到电梯口，并礼貌地问蔡先生到几楼，蔡先生告知住在三楼。小王为蔡先生按下楼层按钮后，微笑着将蔡先生送进电梯，向蔡先生道别后，又回到了紧张的工作岗位。但这时小王心里惦记着一件事：蔡先生很少住客房，一般都是用完餐就走，这两年在酒店餐饮消费有十几万元，对于这样一位客人，酒店提供的应该是VIP服务，而他现在住的是酒店最普通的楼层——三楼，这应该是我们酒店工作上的失误。小王通过主管打电话给营销部，经查实，酒店总服务台并没有该客人的客史档案，加之这几天住宿比较紧张，就将客人安排到了普通楼层。小王又打电话征求蔡先生的意见，蔡先生表示感谢，他在电话中说就不给酒店添麻烦了，住到明天上午就要走了。但小王没有放弃努力，经请示后，将一盘新鲜的水果送到蔡先生所住的房间，并再次询问蔡先生第二天的饮食安排。这使蔡先生非常感动，蔡先生后来一直入住这家酒店。而迎宾员小王在蔡先生离开酒店后，立即将自己整理的蔡先生的客史档案交到了总台，由总台通知酒吧和其他部门，让酒店从门童到内勤人员都了解了蔡先生——这位从对酒店满意发展到对酒店忠诚的顾客。

评析

客史档案是饭店用来为客人提供针对性、个性化服务的主要资料依据。现代饭店在信息化管理的过程中，通过现代科技手段，如计算机网络的应用使得客史档案以电子信息记录的形式保存在饭店信息管理的资料中，饭店各相关部门可以根据需要实时查询和更新。本文中的情况是由于饭店各部门对客户信息没有及时共享和沟通造成的，而服务人员小王在工作中以极其出色的专注度、认真的工作态度和高度的工作热情为客人提供了一次堪称完美的服务，不仅获得了客人的高度赞誉，更为饭店赢得了良好的声誉。

考核指南

▲ **小组练习**

完成两种预订服务礼仪操作。

▲ **小组评价**

- 体态语言的礼仪。
- 餐厅服务员的基本礼貌用语。

▲ **综合实训评价**

综合评价包括小组之间的互评和教师对各小组工作的系统评价,用于确定个人能力水平和努力方向。如表11-2所示。

表11-2 预订服务礼仪学习评价表

学习目标		内容	评价	
		评价项目	小组评价	教师评价
知识	应知应会	预订员的着装、化妆知识		
		电话礼仪的基本知识		
能力	专业能力	掌握着装化妆:整洁、挺括、统一得体		
		运用目光礼仪:能传情达意		
		电话礼仪的接听技巧:态度热情,语言简练,发音清楚		
		掌握聆听礼仪:目光专注,语言恰当		
	通用能力	推销能力		
		解决问题能力		
		语言表达能力		
态度		真心诚意,热情主动,有问必答,有求必应		
教师、同学建议:			评价汇总: A. 优秀 B. 良好 C. 基本掌握	
努力方向:				

第十二专题
餐厅迎送礼仪

餐厅迎送如同生活中亲朋好友之间的迎来送往,要特别注重服务礼仪。这个过程往往非常短暂,其礼仪却有着丰富的形式和内涵。迎宾员是餐厅的形象代表,站在餐厅的门口,华丽的礼服、敏锐的目光、热情的服务,给就餐客人先入为主的印象。就餐圆满结束,客人起身离座,服务员微笑着做好服务的最后一个环节——送别客人。服务员在送客前及时留下客人的意见和建议,同时热情地送别,使客人产生依依不舍的感觉。

基础知识

引座的礼仪

- 已预订过的客人，应引领至事先安排的座位，并询问是否满意。
- 根据客人的人数安排相应的地方，使客人就餐人数与桌面容纳能力相对应，充分利用餐厅的服务能力。
- 餐厅的引座员应当结合双方的意见，向客人诚意地推荐，在具体的引座、推荐过程中尊重客人的选择。
- 可以将第一批客人安排在靠近入口或距窗户较近的地方，使后来的客人感到餐厅人气旺盛，气氛热烈。
- 尽量将带小孩的客人安排在离通道较远的地方，以保证小孩的安全，同时也利于餐厅员工提供服务。
- 对于来餐厅就餐的情侣或商务客人，可以将其安排在较为僻静的地方。
- 对于外向活泼的客人，可以将其安排在包房或僻静位置。
- 对于年老体弱的客人要及时搀扶，可将其安排在距餐厅门口较近的位置。
- 可以将残疾人安排在能隐蔽其残疾部位且方便就餐的位置，可以照顾其自尊心，但不要过于明显。
- 餐厅经营高峰时，引座员要做好调度和协调工作，及时为客人找到位置，掌握客人的就餐动态。

餐厅服务员的素质

餐厅服务员的态度和表现直接反映饭店接待工作的等级、标准和规范程度，体现服务员本身的文化素质和修养。一个成功餐厅服务员的素质包括以下几方面。

- 健康：合理的饮食起居习惯，保持健康的身体。
- 礼貌和微笑：让礼貌和微笑发自内心，使客人满意，上司鼓舞，同事相处融洽。
- 清洁：着装整洁，善于修饰，讲卫生。
- 守时：有时间观念，提前到岗。
- 兴趣：帮助发展自己的工作潜力。
- 助人：乐于助人，乐于服务他人。
- 合作精神：在工作中，同事之间互相照应，为达到共同目标，最大限度地发挥自己的作用。
- 服从上司：听从和执行上级的决定与命令，即使暂时不理解也要先服从，给予上司应有的尊重。

- 责任心和可靠性：具有强烈的责任感，视餐厅如家，不需监督可独立完成工作，以得到大家的信任。
- 适应性与灵活性：能解决突发的、不可预见的事件，遇事镇定。
- 良好的知识、技艺：了解餐厅，掌握适当的行业知识、技艺。
- 自信心：敢于坚持己见、迎接挑战，不怕遭受挫折。

▲ 避免使用的服务用语

- "不知道"：饭店的事务服务员不一定都清楚，当服务员确实无法回答客人的问题时，一定不要说"不知道"，而应礼貌地说："我先查询一下再答复您，可以吗？"
- "绝对没说过那样的话"：有时客人会因服务员的一两句话而生气，服务员可能会否认，言称"绝对没说过那样的话"。这样会陷入无休止的争论，而不能找到解决问题的突破口。双方互相指责，会变得感情用事，出现不可收拾的局面。服务员要处理问题，而不是争论当事人之间谁对谁错。
- "因为这是本店的规定"：服务员对在禁烟区吸烟的客人说："这里是禁烟区，请……因为这是本店的规定。"规定是为了保证客人能愉快地用餐、休息而制定的。如果强迫客人接受，客人会感到非常压抑而心情不畅。为了能让多数客人平等地享受快乐，可用请求、商谈的口吻征求客人的意见："实在抱歉，如果您想吸烟，请移步吸烟区，可以吗？"
- "不会、不行"：这种否定的语言听起来刺耳，容易伤客人的心，应加上一些肯定的、商谈的或缓冲性的语言。

▲ 宴后服务标准

- 客人饮宴结束，迎宾领位员主动拉椅，递送衣物，征求客人意见，引领客人到门口，告别客人。
- 结束时间由主办单位决定，不可催促。
- 宴会结束后，征求主办单位意见，主动、诚恳、准确地处理结账及未尽事宜，做好总结，并向主办单位表示感谢。

▲ 刀叉的摆放

- 使用刀叉进餐时，从外侧往内侧取用刀叉，要左手持叉，右手持刀。不用刀时，也可以用右手持叉。

- 切东西时，左手拿叉按住食物，右手执刀切成小块，用叉子送入口中。使用刀时，刀刃不可向外。
- 进餐过程中放下刀叉，摆成"八"字形，分别放在餐盘边上，刀刃朝向自身，表示还要继续吃。每吃完一道菜，将刀叉并拢放在盘中。
- 谈话可以拿着刀叉，但做手势时应放下刀叉。不要一只手拿刀或叉，另一只手拿餐巾擦嘴；也不可一只手拿酒杯，另一只手拿叉取菜。
- 任何时候，都不可将刀叉的一端放在盘上，另一端放在桌上。

服务技能

餐厅是宾客用膳的主要场所，是饭店的重要服务部门。其服务特点是，服务员直接为客人提供面对面的服务，面广量大，时间长，需求多。餐厅岗位的服务人员有迎宾员、领位员、值台员和传菜员，各岗位的接待服务人员不仅要掌握各岗位的业务技能，还必须懂得遵守服务过程中的各种礼仪。

迎送服务由迎宾员和值台员共同完成。在迎宾服务中，迎宾员微笑迎客、主动问候、引领客人到用餐位置、拉椅示座等一系列服务需要用到站姿礼仪、引领礼仪、拉椅让座礼仪。送客服务是餐厅服务员送客服务工作的最后环节，是巩固第一印象、引发下次消费的关键，是饭店管理水平及优质服务的重要体现。做好送客服务工作要求掌握递接礼仪、送客礼仪。

西餐宴会送客服务礼仪与中餐基本一致，略有不同。西餐在宴请结束时，要为客人进行宴后服务，在标准化、规范化、程序化的基础上，体现个性化服务，来满足西餐的贵族情调。

迎送服务礼仪要求服务员突出站姿礼仪、引领礼仪、拉椅让座礼仪、递接礼仪、送客礼仪、餐后服务礼仪等内容，并懂得所突出礼仪的作用，做到既注重礼仪外在形象，又注重礼仪内涵。礼仪操作要点和礼仪作用如表12-1所示。

表12-1 迎送服务礼仪

内容	操作要点	作用
站姿礼仪	（1）体态 （2）目光 （3）双手、双臂位置 （4）双脚位置	站姿是人最基本的姿势，优美、典雅的站姿是一种静态美，它是形成人不同质感动态美的起点和基础，同时也是良好气质的体现
引领礼仪	（1）引领位置 （2）引领距离 （3）引领手臂动作	客人进入餐厅，领位员将其引领至餐桌前，礼貌、周到的餐前服务礼仪尤为重要

视频：站姿礼仪

视频：引领礼仪

续表

视频：拉椅让座礼仪

视频：递接礼仪

视频：送客礼仪

视频：餐后服务礼仪

内容	操作要点	作用
拉椅让座礼仪	（1）手势示意 （2）双手及腿部动作 （3）力度适度 （4）动作迅速	极细小的动作可使客人体会到优质服务的内涵
递接礼仪	（1）主动上前服务 （2）双手规范递接 （3）留出接取空间 （4）递送方向准确	细致周到的取递服务表现出对客人的尊重、关心
送客礼仪	（1）亲切微笑 （2）告别语言贴切 （3）恰当、适度的手势 （4）45°鞠躬礼	亲切的送客礼仪表现出对客人光临的诚谢之意，并表达期望客人再次光临之情
餐后服务礼仪	（1）引领宾客到休息室 （2）提供糖、奶、咖啡服务 （3）提供餐后酒品、巧克力 （4）为客人续斟咖啡和酒品 （5）递送衣物，欢送宾客	细致入微的服务礼仪表现出对客人光临的诚谢之意，并表达期望客人再次光临之情

综合训练

动画：餐厅迎送礼仪

△ 体侧式"请"的手势

▲ 礼仪角色

学生分别扮演用餐客人和迎宾员。

▲ 礼仪要求

- 五指并拢，自然伸直。
- 掌心斜向上方，手掌与地面成 45° 角。
- 腕关节伸直，手与前臂形成直线。
- 整个手臂略弯曲，弯曲弧度以 13° 为宜。
- 以肘关节为轴，上臂带动前臂，由体侧自下而上将手臂抬起。
- 身体微前倾，头略转向手势指示方向。
- 面向客人，面带微笑，目视来宾。
- 致问候语："您好！这边请！"

△ 引导手势

▲ 礼仪角色

学生分别扮演用餐客人和迎宾员。

▲ 礼仪要求
- 在客人左前方，轻声对客人说"您请"。
- 右手提至齐胸高度，五指伸直并拢，掌心向上，向所指方向伸出前臂。
- 侧向来宾，目光兼顾来宾和所指方向，距离保持两步左右，速度适中。
- 客人明白后，再放下手臂。
- 接待过程中问候、引路、让座，应先女宾后男宾。

◁ 告别礼仪
▲ 礼仪角色

学生分别扮演用餐客人和迎宾员。

▲ 礼仪要求
- 主动上前服务，双手规范递送衣帽物品。
- 使用体侧式"请"的手势，引领客人出餐厅。
- 行 45° 鞠躬礼。
- 为客人按电梯或叫车服务。
- 使用告别语：再见、希望再次见到您、请慢走、欢迎下次光临。

拓展阅读　宴会发展的十大趋势

1. 营养化。人们喜欢食用既有吸引力，又富有营养、低胆固醇、低脂肪、低盐的食物。

2. 卫生化。分餐制成为一种科学的进食方式。

3. 节俭化。现代宴会菜点设计要去除传统的弊端，力戒追求排场，转而讲究实惠，本着去繁就简、节约时间、量少精制的原则来设计制作。

4. 精致化。新式宴会设计越来越注重菜肴口味与质地的精益求精，重视宴席气氛。

5. 特色化。宴会菜单，既安排乡土菜，又穿插西式菜肴或东南亚风味；既有传统菜，又有改良菜。不同风格的菜肴组合成一桌。

6. 多样化。即宴会的形式会因人、因时、因地而宜，满足多样化的需求，如外卖宴会。

7. 美景化。主要是指宴会厅的选用、场面气氛的控制、时间节奏的掌握、空间布局的安排、餐桌的摆放、台面的布置、花台的设计、环境的装点、服务员的服饰、餐具的配套、菜肴的搭配等都要紧紧围绕宴会主题来进行。

8. 食趣化。现代的宴会在进食时播放音乐、进行舞蹈表演已成为常事，盛大的宴会有时还可以边用餐边看歌舞表演节目。

9. 快速化。通过控制和掌握宴会的时间，使宴会不冗长拖沓，做到内容丰富、节奏紧凑、中心突出，大力推行食品适量、品种适可、时间适当的宴会安排。

10. 国际化。烹饪文化的国际交流会给中国烹饪文化的发展带来新的活力和发展机遇。

案例　编纂《酒店员工问询手册》

一天早上，某酒店中餐部到了下班的时间，可在传菜间里，却聚集了一群服务员，正在聚精会神地看布告墙上刚贴出来的资料。噢！原来是酒店总办刚下发的一本《酒店员工问询手册》。这时，有一员工轻声地把那篇篇首语读了出来。

敬爱的员工们：

每一位到我们酒店来的客人，都会有这样或那样的问题，需要我们解答。作为客人，并不一定从事过酒店或与之相关的工作，他不会也不愿意了解您岗位分工的情况。或许他向您询问的问题，正巧不是您岗位相关的知识，而这又是客人急于了解、想得到您的帮助的。您不能向客人说"NO！"或"我不知道。"或"我问一下再告诉您好吗？"这样会使客人对我们的服务感到遗憾和失望。为了让您能在第一时间力所能及地尽快为客人解决问题，我们编纂了这本《酒店员工问询手册》。希望您能好好地学习、记忆，它将使您随时能为您的客人提供一流的服务，令您的客人产生意外的惊喜，对您刮目相看和满意。

让我们共同来为酒店的添星晋级而一起学习吧！

总经理×××

"哇！好棒！"

"这下我们碰到客人问询一些客房或娱乐部的事，就再也不用去找领班了。"

几个服务员一边走，还一边兴奋地讨论着手册的内容。

评析

作为酒店，编纂一本工作指南，使员工不仅能熟悉本部门的事，还能对其他部门的情况了然于胸，而不是一问三不知。这种做法可提升酒店的服务形象。

考核指南

小组练习

完成迎宾、送客服务礼仪操作。

△ **小组评价**
- ▲ 迎宾员的仪容仪表。
- ▲ 拉椅让座礼仪的规范程序。
- ▲ 送客时肢体语言的运用。
- ▲ 运用告别礼仪时的表情和语言。

△ **综合实训评价**

综合评价包括小组之间的互评和教师对各小组工作的系统评价，用于确定个人能力水平和努力方向。如表 12-2 所示。

表 12-2 餐厅迎送服务礼仪学习评价表

学习目标		内容	评价	
		评价项目	小组评价	教师评价
知识	应知应会	迎宾需要哪些礼仪		
		引座技巧		
		迎宾员递接礼仪		
		送客服务技巧		
能力	专业能力	能规范做到站姿礼仪		
		能规范做到引领礼仪		
		能规范做到拉椅让座礼仪		
		能规范做到递接礼仪		
		能规范做到告别礼仪		
	通用能力	解决问题能力		
		语言表达能力		
		沟通能力		
		协作能力		
态度	亲切问候、热情有礼、周到送别			
教师、同学建议：			评价汇总： A. 优秀 B. 良好 C. 基本掌握	
努力方向：				

第十三专题
开餐与就餐服务礼仪

客人参加宴请不仅仅是在进行人际交往、文化交流，也是在体会高质量的服务带来的尊贵感。客人来到餐厅就餐，全过程得到高水平的礼仪服务，会感受到如沐春风般的温暖。

基础知识

培养服务的主动性

　　服务的主动性是指在餐厅服务工作中,服务员通过细心观察、仔细思考,判断客人的真正需求,发挥自己的主观能动性,灵活地为客人提供细致周到的服务。

- 有强烈的事业心和责任感,对工作有热情。
- 细心观察,有较强的思维能力。
- 善于捕捉客人心理,明白客人需求。

西餐餐具摆放礼仪

- 面包餐具的配备。面包碟和黄油刀应置于餐位左侧。早餐面包配黄油、果酱,午餐面包、晚餐面包只配黄油。
- 玉米片餐具的配备。早餐玉米片等谷物用谷物碗盛放,配鲜奶、糖,提供汤勺。
- 咖啡或茶餐具的配备。上咖啡时,用咖啡杯、垫碟、咖啡勺,配牛奶、糖,上茶时,用茶杯、垫碟、茶勺,饮用时,配淡奶、糖或柠檬片。
- 海鲜鸡尾酒餐具的配备。上海鲜鸡尾酒应用香槟杯、叉、茶勺,配鸡尾酒调味沙司。
- 腌鱼餐具的配备。上腌鱼时,应该左边上鱼叉,右侧方放鱼刀,配柠檬角、胡椒粉。
- 法式田螺的配备。上法式田螺时,应左边放田螺夹,右边放田螺叉,配法式面包。
- 上汤餐具的配备。上汤时汤勺应该放在右侧。
- 意大利面条餐具的配备。上意大利面条时,应在左边放勺,右侧放叉。
- 龙虾餐具的配备。上龙虾时,左侧应放龙虾钳、鱼叉,右侧放鱼刀、龙虾签,备一个小碟放龙虾壳,洗手盂里放温水与柠檬片。
- 牛排餐具的配备。上牛排和羊排时,应在左边放餐叉,右边放牛排刀。上羊排时,要配黑胡椒、芥末、薄荷。
- 炖肉餐具的配备。爱尔兰炖肉应放在热汤盆里端上,取餐刀、餐叉和汤勺备用,配胡椒、盐、辣椒油。
- 炖鱼餐具的配备。上浓味炖鱼,应用汤盆盛,左边放鱼,右边放刀、汤勺。用刀、叉将鱼切开,再用汤勺将鱼肉带汁舀起食用。

服务技能

为客人铺餐巾、递送纸巾、斟礼貌茶、提供点单服务。客人接受服务人员所提供的开餐与就餐服务,感受无微不至的服务,特别是就餐选择和就餐习惯得到尊重,其间服务人员在提供服务时总是优先方便客人,令客人非常满意。

中餐厅服务员在操作过程中做到"三轻"(说话轻、走路轻、操作轻)及规范的操作,可使宴饮活动圆满周全。值台服务员仪表得体、礼貌周到、操作规范,为客人提供满意的服务。客人在品尝美味佳肴的同时,欣赏值台员优雅的姿态、娴熟的技艺,得到精神上的享受。值台员达到这样的服务水准必须掌握开餐服务礼仪、开瓶礼仪、斟酒礼仪、上菜礼仪、摆菜礼仪、分菜礼仪、撤换餐具礼仪。

西餐宴会是在优雅的气氛中进行的宴会。服务员要反应灵敏,举止得当,步履轻快,动作敏捷,小声讲话,为宴会厅创造一种美好的气氛和高雅的情调。而分餐制的菜肴和主食以人定量,既减少浪费,又体现了西餐礼仪。

开餐与就餐服务礼仪要求服务员突出开餐服务礼仪、酒水服务礼仪、菜肴服务礼仪、餐具撤换礼仪等,并懂得这些礼仪的作用,做到既注重礼仪外在形象,又注重礼仪内涵。礼仪操作要点和礼仪作用如表13-1所示。

表13-1 开餐与就餐服务礼仪

内容	操作要点	作用
开餐服务礼仪	(1)铺餐巾服务 (2)递送纸巾 (3)斟茶服务 (4)递送菜单、酒单 (5)点单服务	根据客人需求满足客人情感需要,使整个宴饮过程和谐有序,更使主客身份和情感得以体现和交流
酒水服务礼仪	示酒礼仪 (1)示酒位置 站在主人位的右侧,为主人示酒 (2)示酒动作 (3)示瓶角度 斟酒礼仪 (1)斟酒顺序 (2)斟酒站位及动作 (3)斟酒量 (4)续酒时机	细节处打动客人,满足客人被尊重的心理。全面展示服务员的礼仪修养,斟酒时,规范的服务程序,较强的服务技能,给客人留下良好的印象

视频:酒水服务礼仪

续表

内容	操作要点	作用
菜肴服务礼仪	上菜礼仪 （1）上菜顺序 （2）上菜位置 （3）上菜时间 （4）摆菜礼仪 ①摆放形状 ②摆放观赏面位置 ③摆放主菜位置 分菜礼仪 （1）分菜顺序 （2）分菜位置 （3）分菜操作	满足客人个性化服务需求； 摆菜后给客人视觉冲击，美的服务享受。细致周到的礼仪，可以满足客人的精神需求
餐具撤换礼仪	（1）撤换位置 （2）撤换顺序 （3）撤换动作 （4）不同菜肴的撤换方法	提供个性化的温情服务，以温情打动客人

视频：菜肴服务礼仪

视频：餐具撤换礼仪

综合训练

▲ 观察能力礼仪训练

▲ 礼仪角色

学生分别扮演用餐客人和值台员。

▲ 礼仪要求

服务人员根据客人用餐情景，采取适当的接待礼仪，并阐明这样做的根据。

▲ 就餐服务礼仪训练

▲ 礼仪角色

学生分别扮演用餐客人和值台员。

▲ 礼仪要求

根据客人用餐的场景，进行模拟开餐服务礼仪、开瓶礼仪、斟酒礼仪、上菜礼仪、摆菜礼仪、分菜礼仪、餐具撤换礼仪等训练，加以灵活运用。

▲ 西餐宴后服务礼仪

▲ 礼仪角色

学生分别扮演用餐客人和服务员。

▲ 礼仪要求

- 微笑为客人拉椅，引领位置正确。
- 派送咖啡酒水时，餐碟间不要发出声响，操作要轻。
- 请客人结账时，一定要把账单放入结账夹中，用托盘托送。
- 耐心服务，不可催促客人。

结账服务礼仪

礼仪角色
学生分别扮演用餐客人和值台员。

礼仪要求
用收银夹送上账单："这是您的账单。"不要报出账单的金额。见客人结账，应说"谢谢"。

- 现金：唱收、唱付，当面点清。款额较大时，可请客人到收银台付钱，并询问是否开发票。
- 签单：出示房卡，看清房间号码、离店日期，并经收银员确认："请在这里签上您的房号和姓名。"
- 支票：正确填写，核对身份证："可以看一下您的身份证吗？"
- 信用卡：核对客人签名等信息。
- 挂账：核对协议（挂账）卡，核对姓名、有效期、单位。

拓展阅读　如何让员工树立规范的形象

——《弟子规》

步从容　立端正　揖深圆　拜恭敬
勿践阈　勿跛倚　勿箕踞　勿摇髀

解说：走路时，步伐应该从容稳重，不慌不忙，不紧不缓；站立时，要端正，须抬头挺胸，精神饱满，不可以弯腰驼背，垂头丧气。问候他人时，不论鞠躬或拱手都要真诚恭敬，不能敷衍了事。进门时，脚不要踩在门槛上，站立时，身体也不要歪歪斜斜的，坐的时候不可以伸出两腿，腿更不可以抖动，这些都是很轻浮、傲慢的举动，有失君子风范。

缓揭帘　勿有声　宽转弯　勿触棱
执虚器　如执盈　入虚室　如有人
事勿忙　忙多错　勿畏难　勿轻略
斗闹场　绝勿近　邪僻事　绝勿问

解说：进入房间时，不论揭帘子或开门动作都要轻一点、慢一些，避免发出声响；在室内行走或转弯时，应小心不要撞到物品的棱角，以免受伤。拿东西时要注意，即使拿着空的器具，也要像里面装满东西一样，小心谨慎以防跌倒或打破；进入无人的房间，也要像有人在一样，不可以随随便便。

做事不要急急忙忙、慌慌张张，因为忙中容易出错，不要畏苦怕难而犹豫退缩，也不可以草率，随便应付了事。凡是容易发生争吵打斗的不良场所，要勇于拒绝，不要接近，以免受到不良的影响；一些邪恶下流、荒诞不经的事也要谢绝，不听、不看，不要好奇地去追问，以免污染了善良的心性。

▲ 案例　用"小技能"化解的尴尬

一对夫妇带着两个孩子来到某酒店为二胎宝宝预订满月酒席。宴会部服务员带这对夫妇看场地，在看包间的时候，刚好房间里有一个喜上眉梢瓷质装饰的摆件，有几种颜色的小鸟，4岁的大宝拿着玩了起来。场地看完了，孩子不想还给餐厅，父母严厉地斥责后，孩子哇哇大哭，这尴尬的场景被送餐部小莉遇上了，小莉蹲下来关切地摸摸孩子的头，问："小朋友，你是不是特别喜欢这个小鸟？姐姐送你一只小鸟，好不好？"她说完就用便签纸折了一只精美的千纸鹤，又用笔画了千纸鹤的嘴和眼睛，十分生动精致。孩子接过千纸鹤后不哭闹了。接着，小莉又用便签纸折了蜜蜂、蝴蝶、大象，一起送给小朋友，小朋友高兴地放下了瓷质摆件，夫妇也顺利地预定了宴会场地。

△ 评析

酒店服务有一条"100-1≤0"的定律，意思是只有酒店各部门、各环节的完美服务，才能实现宾客100分的满意度。夫妇俩的"尴尬"被送餐部的小莉亲切地化解了，客人一定会对酒店的整体服务有深刻体验，并对酒店整体印象形成良性评价。酒店里任何部门的服务都是酒店形象的代表，只有员工相互配合与补位，才能让客人感受到宾至如归的温暖。

考核指南

△ 小组练习
完成中西餐宴会就餐服务礼仪操作。

△ 小组评价
▲ 面对面对客服务时语言的表述，服务用语的使用。
▲ 就餐服务中礼仪的运用技巧。

△ 综合实训评价
综合评价包括小组之间的互评和教师对各小组工作的系统评价，用于确定个人能力水平和努力方向。如表13-2所示。

表 13-2　宴会就餐服务礼仪评价表

内容			评价	
学习目标		评价项目	小组评价	教师评价
知识	应知应会	面对面对客服务的语言礼仪		
		中餐就餐服务八种礼仪技巧		
		西餐宴会席位安排		
能力	专业能力	中餐开餐服务礼仪		
		中餐开瓶礼仪		
		中餐斟酒礼仪		
		中餐上菜礼仪		
		中餐摆菜礼仪		
		中餐撤换餐具礼仪		
		中餐分菜礼仪		
		中餐撤换烟灰缸礼仪		
		西餐宴会席位礼仪		
		西餐上菜礼仪		
		西餐撤盘礼仪		
	通用能力	语言表达能力		
		沟通能力		
		应变能力		
		推销能力		
		组织协调能力		
态度		耐心、细致、周到、主动		

教师、同学建议：

评价汇总：
A. 优秀
B. 良好
C. 基本掌握

努力方向：

第十四专题
餐厅特殊问题处理礼仪

　　光临餐厅的客人来自五湖四海,其性别、国籍、职业、受教育程度、职务等不尽相同,需求的差异较大。餐厅服务员不容易做到面面俱到,只能时时提醒自己:以真诚之心,周到服务,笑对客人,赢得客人的信赖。出现特殊事件及纠纷后,服务员要迅速补救,纠正失误,力争使不满意的顾客重新成为回头客。

基础知识

▲ 餐厅与客人的关系

- 顾客是主角,是餐厅业务的主要人物;餐厅服务员是配角。
- 在任何情况下都要遵循"顾客至上"的原则,牢记是餐厅服务员依靠顾客,而不是顾客依靠餐厅服务员。
- 并不是顾客来打扰服务员,而是客人前来享受服务员的工作与服务。
- 并非是因为服务员拥护、爱戴顾客,才去服务他们,而是因顾客喜爱餐厅,他们才能够大驾光临。
- 对于餐厅服务员来说,光临餐厅的顾客并不是一个对抗者,没有人因对抗胜利而获得成功。
- 顾客为餐厅带来的是他们的要求,而服务员的工作是满足他们的要求。
- 顾客花钱买的是餐厅的服务,而餐厅服务员向他们销售的"产品"也是服务。
- 顾客不是一些统计数字,他们是有感情的人。如果服务员像对待机器一样对待客人,那么餐厅经营必然失败。
- 顾客并不是服务员争斗的对象,他们应该得到餐厅服务员最礼貌、最关切的对待。
- 凡是光临餐厅的客人,都期望餐厅服务员有整齐、清洁的仪容仪表。

▲ 解决矛盾冲突的技巧

- 求同存异法:此法也称为疏通法,就是把即将发生的事平息下来,承认共同的利益,这有助于确立长期和平共处的关系,从而解决矛盾冲突。求同存异法有可能导致一方占另一方的便宜,其结果是一赢一输或双输。
- 互让法:此法是希望在矛盾双方中找出折中的理由,目的是要双方达到共赢,同时做出一些牺牲。
- 回避法:矛盾冲突从根本上得不到解决,有激化的可能。把矛盾搁置、暂时掩盖起来,有可能会导致双输的结果。
- 合作法:这是获得双赢的最有效、最直接、最积极的方法。所有人都认识到事情出了差错需要解决,只有通过合作,双方才能从积极方面表达各自的观点,双方所有的期望才能得到满足。使用时要有耐心,需要有解决问题的技能。
- 强行法:人们通常分不清谁是胜利者谁是失败者,而是通过强迫、权威或支配者来解决问题的。通常由第三方强行解决或建议让步,对小事争论很有效。

征询语对话礼仪

- "我能为您做些什么吗?"
- "您还有别的需要吗?"
- "我没听清您的话,请您再说一遍好吗?"
- "为了尽快为您解决这个问题,我可以向您提几个小问题吗?"
- "您是否愿意告诉我您……的原因呢?"
- "您可以将……说得再详细点儿吗?"
- "××先生(女士),对不起,让您久等了,您所提的问题将采取……方式解决,请问您是否同意这样的处理方式?"
- "对不起,我想我误会您的意思了,您的意思是……吗?"
- "关于您的这个问题,有两种办法供您选择,一种是……,另一种是……,您觉得哪一种更方便呢?"
- "为了进一步改善我们的服务,我想就几个简单的问题与您沟通一下,不知您现在是否方便?"

餐厅服务员应变能力训练

- 为了表示谢意,客人向你赠送礼品或小费时,怎么办?
- 服务员热情、有礼、主动、周到的服务,深得客人的好感,客人有时会赠送礼物或小费给服务员,以表谢意。服务员首先要婉言谢绝,语言要有礼貌,对客人的心意要表示感谢。
- 如果客人坚持要送,盛情难却,服务员应暂时收下,并表示谢意,事后交吧台统计。
- 客人要服务员喝酒时,怎么办?
- 先感谢客人,再婉言谢绝客人的好意。
- 若客人一再劝饮,盛情难却,为了不影响客人的情绪,先把酒接过来,告诉客人待会儿再喝。
- 同时给客人另取一个杯子,斟上酒递给客人,并向客人表示感谢,请各位慢饮。
- 客人出现不礼貌的行为时,怎么办?
- 客人出现不礼貌行为的情况不多,首先要分清行为的性质。
- 如果是客人向服务员掷东西、讲粗言、吐口水等,必须忍耐,保持冷静、克制的态度,不能和客人发生冲突,根据情况,先主动向客人赔礼道歉。
- 如果是对女服务员态度轻浮,甚至动手动脚,女服务员态度要严肃,并迅速回避,男服务员应主动上前应付。
- 如果客人动手打人,应保持冷静和克制的态度,不能和客人对打,马上向上级汇报,由领导出面解决。
- 当发现跑单,在公共场所找到客人时,怎么办?

首先要考虑到客人爱面子的心理，注意运用语言艺术，先把客人请到一边，然后小声地解释，如："对不起，××先生，因我们工作的疏忽，忘记给您打单，请您核对一下，现在结算好吗？"在客人付钱后说："对不起，打扰您了，谢谢。"

▲ 当捡到客人物品时怎么办？
- 无论捡到客人的任何物品，如能正确判断，应立即归还，如判断不明确时，应交当值领导，由领导来处理。
- 如客人已离开餐厅，无法归还客人时，一般物品打包放在吧台，并进行详细的登记，贵重物品必须交经理或助理处登记，由领导处理，进行保管。

▲ 客人发脾气骂你时，怎么办？
- 服务员接待客人，是自己的责任，即使挨了客人的骂，也应做好接待工作。
- 当客人发脾气骂你时，要保持冷静的态度，认真检查自己的工作是否有不足之处，待客人平静后再婉言解释与道歉，即使是客人的误会，也绝对不能与客人争吵或对骂。

▲ 客人向你纠缠时，怎么办？
- 当客人向你纠缠时，服务员不应以不耐烦、不礼貌的言行冲撞客人。
- 要想办法摆脱客人的纠缠，其他员工应主动配合，让被纠缠的员工干别的工作，回避客人。
- 如果一个人在服务台，不能离开现场，应运用语言技巧，婉言摆脱客人。如："实在对不起，如果您没有什么事的话，我还要忙别的工作，请原谅。"然后借故在服务台附近找一些工作干，如清理服务区域等，以摆脱纠缠。
- 如果客人的愤怒仍未平息，应及时向领导汇报。

▲ 客人对我们提出批评意见时，怎么办？
- 客人提出批评意见，大多数是善意的，服务员应虚心听取，诚恳接受，对自己的不足之处表示歉意，并马上改正。
- 如果客人是一时误解，则要在适当的时机做耐心细致的解释，争取客人的理解，不可急于辩解。
- 如果客人批评别人或其他部门，服务员同样要虚心接受。在客人的眼里，每一位员工都代表着整个饭店，切不可事不关己高高挂起，对客人的批评漠不关心或推卸责任。

▲ 客人对账单有异议时，怎么办？
- 结账工作是接待工作中的重要一环，把这个工作做好，让客人高兴而来，满意而归，使整个接待工作更加完美。
- 要仔细检查客人账单，发现差错，及时更正。
- 有时账单上的实际费用会高出客人的预计，当客人表示怀疑时，应耐心地解释，让客人明白支出的费用是合理的。
- 若是账单上的费用有错误，客人提出时，应该表示歉意，并到结账处查核更正。

▲ 当找补的现金归还客人时，客人已离开餐厅，怎么办？
- 有可能是客人遗忘要找补的现金，不能作为服务员的小费。
- 及时交到吧台，做好记录（时间、台号、客人的特征等），由领导进行处理。

服务技能

在对客服务中,突发事件时有发生,需要就地及时解决,这就要求服务员有极强的应变能力和周到的服务礼仪,随时准备应对各种意外,充分运用自己的智慧得体地处理,做到临危不慌、处变不惊、处事有方。根据服务宗旨,灵活对待不同的客人,提高客人的满意度和忠诚度,努力减少饭店的损失,维护饭店的声誉。

餐厅服务礼仪要求服务员突出化妆礼仪、微笑礼仪、鞠躬致意礼仪、目光礼仪、致歉语礼仪、推脱语礼仪、征询语礼仪、平等适度自信礼仪等,并懂得所突出礼仪的作用,做到既注重礼仪外在形象,又注重礼仪内涵。礼仪操作要点和礼仪作用如表 14-1 所示。

表 14-1 餐厅服务礼仪

内容	操作要点	作用
化妆礼仪	① 化妆时要求真实、自然,不能过于夸张 ② 化妆时注意适度矫正,修饰得法,扬长避短 ③ 应使妆容与工作场合、身份相协调,达到"合时宜"的效果 ④ 饭店工作人员化妆风格要统一,展现饭店员工的团队意识 ⑤ 不断提高化妆技巧,减少化妆时间,提高化妆效果 ⑥ 会客或重大活动前,及时补妆	服务员掌握容貌修饰的技巧,扬长避短,让人赏心悦目,满足个人自尊自爱的需要
微笑礼仪	① 具体做法是:身体要保持平直,两脚跟相靠,双手下垂置于身体两侧或搭放于体前,目视对方,面带微笑,头向前微低,注意不宜反复点头,不必幅度过大 ② 面对客人和颜悦色,无论客人怎样都要微笑服务	对一面之交的人在社交场合见面时,均可微笑点头向对方致意,以示问候
鞠躬致意礼仪	① 头颈背成一条直线,双手自然放在裤缝两边,前倾15°,目光约落于体前 1.5 m 处,再慢慢抬起,注视对方。一般在距对方 2~3 m 的地方,在与对方目光交流的时候行礼,行鞠躬礼时必须真诚地微笑 ② 致意时要文雅,一般不要在致意的同时向对方高声叫喊,以免妨碍他人,致意的动作必须认真,以充分显示对对方的尊重	在某些场合,如道歉、表达敬意时并不适合全部用揖礼,而鞠躬、欠身致意可以弥补语言表达带来的不足,同时表示了对他人的恭敬

视频:化妆礼仪

视频:微笑礼仪

视频:鞠躬致意礼仪

续表

内容	操作要点	作用
目光礼仪	① 倾听时目光专注，适时回应，会谈时目光平视，表示自信、平等、友好，听人说话时，如果感兴趣，就用柔和友善的目光正视对方的眼下区，如果想要中断谈话，可以有意识地将目光稍稍转向他处 ② 尽量不要直视对方眼睛，对方会以为你在窥视他的隐私，或向他表示不信任、审视和抗拒 ③ 当对方说错了话而害羞时，不要马上转移自己的视线，而要用亲切、柔和、理解的目光继续看着对方，否则对方会误认为你高傲，在讽刺和嘲笑他，谈兴正浓时，切勿东张西望或看表，否则对方会以为你听得不耐烦	目光是人在交往时的一种无声语言，往往可以表达有声语言难以表现的意义和情感。"眼睛是心灵的窗口"，它在很大程度上能如实反映一个人的内心世界。一个良好交际形象的目光应是坦然、亲切、和蔼、有神的
致歉语礼仪	① 向别人表示歉意应及时 ② 发自内心，目视对方，让对方感到你的诚意才会得到别人的谅解 ③ 如果自己的行为给别人带来了很大的麻烦，应主动承担责任，并尽其所能寻找解决的办法 ④ 致歉语："对不起/请原谅/失礼了。""打扰您了。""请不要介意。""完全是我们的过错，对不起。""对不起，让您久等了。""我们立即采取措施，满足您的要求。""感谢您的指正。"	饭店服务多为事务性工作，比较琐碎，出错在所难免。诚恳地道歉，主动承担责任，就会得到客人原谅。即使错在客人，也要主动致歉
推脱语礼仪	① 使用推脱语时表达婉转，语气轻柔 ② 推脱语："对不起，我能不能……""实在抱歉，我们会尽快解决。""不好意思，××已经卖完了，×××行吗？""谢谢您的好意，但是……""很遗憾，我们不能帮您的忙。""承您的好意，但是……"	推脱语是无法满足别人的要求时委婉地表示拒绝的用语
征询语礼仪	① 注意客人的形体语言。如客人东张西望，或从座位上站起来，或招手，表示他有要求，服务员应立即走过去说："先生，请问我能帮您做点什么吗？""小姐，您有什么吩咐吗？" ② 用协商的口吻。"这样可不可以？""您还满意吗？"显得更加谦恭，也更容易得到客人的支持 ③ 把征询当作服务的一个程序，先征询意见，得到客人同意后再行动	征询语确切地说就是征求意见的询问语，帮助别人之前或要求别人配合自己的工作时应委婉地使用征询语
平等适度自信礼仪	① 平等交往，不骄狂，不我行我素，不自以为是，不厚此薄彼，不傲视一切，不目中无人，不以貌取人或以职业、地位、权势压人 ② 在交往过程中，不卑不亢、落落大方，遇到强者不自惭，遇到困难不气馁，遇到侮辱敢于挺身反击，遇到弱者会伸出援助之手 ③ 适度交往，彬彬有礼又不低三下四；热情大方又不轻浮诡谀；自尊又不自负；坦诚但不粗鲁；信人但不轻信；活泼但不轻浮；谦虚但不拘谨；老练持重但又不圆滑世故	平等原则是人与人交往时建立情感的基础，是保持良好人际关系的诀窍。适度原则即交往应把握礼仪分寸。自信原则是社交场合中可贵的心理素质。充满自信，工作才能得心应手

综合训练

△ **协助外宾使用中餐餐具服务礼仪**

▲ 礼仪角色

请 8 ~ 10 位学生分别扮演服务员和客人。

▲ 礼仪要求

多数情况下，外宾对中餐餐具尤其是筷子特别感兴趣，大多抱有新鲜、好奇的心理，虽然不会使用，但很愿尝试一下。当外宾使用筷子不得要领时，服务人员应落落大方、热情主动地上前询问："What can I do for you?（我能为您做什么吗？）"经过外宾同意后，服务员应取用一双备用筷子为外宾做正确的示范动作（不要用筷子夹客人盘中的菜肴，应让客人自己夹食）。在示范讲解时，语速要慢，动作要准确，最好用英语。

△ **客人损坏餐具服务礼仪**

▲ 礼仪角色

请 8 ~ 10 位学生分别扮演服务员和客人。

▲ 礼仪要求

宾客不小心损坏餐具，服务员首先关切地询问客人有无碰伤或划伤，如有则马上采取相应的医疗救助措施，然后收拾破损的餐具。接着，服务员要对客人的失误表示同情，不要责备客人，以免客人难堪。最后，视具体情况，决定是否需要客人对损坏的餐具进行赔偿。一般的易消耗性物品不需要赔偿，如果是较高档的餐具，需要赔偿，一定要在合适的时机选择合适的方式告诉客人，然后在结账时一起计算收款，讲明赔偿金额，开出收据。

△ **残疾人就餐服务礼仪**

▲ 礼仪角色

请 8 ~ 10 位学生分别扮演服务员和客人。

▲ 礼仪要求

残疾客人在餐厅若无人照料，服务员要服务适度，以其所需为原则，恰当、谨慎、细心地给予帮助。将坐轮椅的客人推到餐桌旁，避免安排在过道上；拐杖要放好，以免绊倒他人；帮助坐轮椅或拄拐杖的残疾人用自助餐时，要询问对方需求，按照对方的要求协助其取食品；对盲人要给予特殊、恰当的关照，要小心地移开桌上的物品，帮助他选择菜肴，上菜或饮料时要告诉他位置；对于耳聋的客人，服务员要学会用手示意，在上菜时，轻轻用手碰一下客人，表示从这边上菜。如果他们坚持不需要服务，应灵活地给予帮助，尽力使他们感到我们的帮助是服务而不是同情。

遇到个别客人故意刁难服务员的服务礼仪

礼仪角色
请 8～10 位学生分别扮演服务员和客人。

礼仪要求
服务员应态度和蔼，更加细致耐心地为客人服务，满足客人的合理要求，此时甜美的微笑胜过有声的语言。服务员还可委婉地求助同桌客人的帮助。如果还不行，通知主管、领班采取必要措施，如调整服务员服务区域等。任何情况下服务员不得对客人口气生硬，更不能发生口角。

发现未付账的客人将离开餐厅时的服务礼仪

礼仪角色
请 8～10 位学生分别扮演服务员和客人。

礼仪要求
服务员应马上追上前，有礼貌地小声说明情况，请客人补付餐费。如客人与朋友在一起，应请客人站到一边，再说明情况。这样做既可以照顾客人面子，也不至于使客人难堪。在这种场合下，服务员不可高声质问客人，否则客人反感不予承认，会给服务员的工作带来更大的麻烦。

下班时间已过，客人仍在用餐的服务礼仪

礼仪角色
请 8～10 位学生分别扮演服务员和客人。

礼仪要求
餐厅下班时间已过，服务员绝不能出现不礼貌的表情和语言。可走到桌前，礼貌地说："您还需要什么菜吗（或您是不是先上主食）？因为一会儿厨师要下班了。"最后礼貌地请客人先结账。客人结账之后，其他员工可以先下班，服务员留下来主动、热情地为客人服务，使客人满意而归。

客人在饭菜中吃出异物（毛发、钢丝球、小虫）时的服务礼仪

礼仪角色
请 8～10 位学生分别扮演服务员和客人。

礼仪要求
首先服务员应以最诚恳的语言向客人表示歉意。尽量不引起其他客人的注意，减少影响。按客人要求重新制作或退掉此菜。必要时通知主管、领班以其他方式给客人以补偿，如送果盘等。如果客人还不满意，可以考虑适当打折，以获得客人的认可。

客人自带食品要求加工的服务礼仪

礼仪角色
请 8～10 位学生分别扮演服务员和客人。

▲ 礼仪要求

　　服务员不能一概加以拒绝，只要能够确认是没有腐败变质、没有致病风险的食物，应尽量满足客人的要求。但要向客人说明餐厅规定，适当收取加工费。当着客人的面，对所带食品质量进行确认，以免加工后客人对品质提出异议。如果客人带来的是生日蛋糕，可协助切开。

△ 传错菜的服务礼仪

▲ 礼仪角色

　　请 8 ~ 10 位学生分别扮演服务员和客人。

▲ 礼仪要求

　　服务员先表示歉意，若客人还没有动，应及时撤掉，及时上应该上的菜。若客人已开始吃，则不必再撤，尽量委婉地动员客人买下，同时通知厨房尽快上客人所需的菜。若客人执意不肯，错上的菜不得向客人收费，由服务员自行承担责任或通知主管考虑赠送。

△ 汤汁洒在客人身上的服务礼仪

▲ 礼仪角色

　　请 8 ~ 10 位学生分别扮演服务员和客人。

▲ 礼仪要求

- 如果是由于服务员操作失误所致，服务员应该遵循以下几种方法进行处理。

　　① 首先由餐厅主管出面，真诚地向客人表示歉意。

　　② 及时为客人擦拭衣服。服务员先征得客人的同意，女客人由女服务员擦拭，动作要轻重适宜。

　　③ 根据客人态度和衣服弄脏的程度，主动提出免费洗涤的建议，洗后衣服及时送还，并再次表示歉意。

　　④ 若客人衣服弄脏的程度较轻，经擦拭后已基本干净，餐厅主管应免费为客人提供一些菜肴或饮料，以示对工作失误的歉意和对客人的补偿。

　　⑤ 在处理事情的过程中，主管不要当着客人的面指责服务员，餐厅内部的问题应事后进行处理。

- 如果是客人自己粗心大意，在衣服上洒了汤汁，服务员要迅速到场，主动为客人擦拭。若汤汁洒在餐布上，服务员也要迅速清理，用餐巾垫在桌布上，并请客人继续用餐。

△ 在餐厅打架闹事的客人服务礼仪

▲ 礼仪角色

　　请 8 ~ 10 位学生分别扮演服务员和客人。

▲ 礼仪要求

　　遇到这种情况，服务员应给予劝告，并立即报告上司，请上司出面处理。劝告时应冷静，不要介入纠纷之中。一般来说，打架闹事的人多出于一时冲动，即使故意斗殴，如果给予适当的台阶，闹事者也大多会听从。如果他们不听劝告继续闹事，则马上报告餐厅保安部，维持餐厅秩序。劝阻与制止打架，不但是为打架双方着想，也是为餐厅安全和名誉着想，更是为社会和谐稳定着想。如果打架者是来捣乱的，服务员更应保持冷静，以免中不良分子的圈套。

客人要求见餐厅经理时的服务礼仪

▲ 礼仪角色

请8~10位学生分别扮演服务员和客人。

▲ 礼仪要求

服务员应先问清客人姓氏、单位，请其稍候。立即向主管或经理汇报。若经理不见，应婉转地向客人解释："经理出去了，有事需要我转告吗？"如经理要见，应立即告诉客人："经理马上到，请稍候。"

拓展阅读　饭店的管理者深入现场的重要性

饭店不同于别的企业，饭店产品有其独特性，它的独特性是由其产品属性（即无形性、综合性、不可贮存性）决定的，正是由于饭店产品这些独有的属性，现场管理尤为重要。

深入现场的目的是掌握第一手资料

每天验货入库时，质量把关到位了吗？送货及时了吗？员工的工作状态如何？出品质量是否让客人满意？服务是否规范、到位？只有深入现场才能真实、完整、全面地了解和掌握这些情况；同时，对掌握的情况及时进行分析和总结，采取相应的措施，工作才有针对性和时效性。

深入现场的目的是鼓舞员工、帮助员工

现在饭店行业普遍存在人力短缺的情况，招人难、留人难。作为一个饭店管理者，每天花不少的时间精力和员工打成一片，既能及时了解员工的思想动态，又能有效地做好员工的思想引导，同时在工作中还可以为员工及时补位。员工心态正了，工作效率高了，服务水平升了，饭店的效益自然好了，形成良性循环。

深入现场的目的是结天下宾朋，为饭店创收

饭店总经理是饭店的第一营销大使，管理者在营业高峰期深入营业一线，与客人多点寒暄、多点沟通，既能增进友谊，也能了解很多的客户信息。有时候，客户的一些合理的建议的确能有效提升饭店的管理和服务水平。

深入现场的目的是掌握形势,提高工作执行力

大部分饭店都会开晨会和各种各样的专题会,会上,总经理会发布各种指示和布置各种工作,而布置工作之后,到底有无落实,有无真正执行,只有到现场去检查、去了解,才会发现真相。反之,对布置的工作不执行、不落实、不检查,久而久之,工作只是"讲讲"而已,就会出现很多"老油条"员工,饭店整体的执行力势必大打折扣,饭店的竞争力必然会下降。

因此,作为一个饭店的管理者,每天必须花 80% 的精力在营运一线上,才有可能得到员工和客户发自内心的认可,体现了现场有灵魂,现场出真经的理论所在。

▲ 案例 导游,我刚才忘记吻你了

一个欧洲旅游团的欢送宴设在一家五星级酒店的顶楼旋转餐厅,游客们受到了盛情而周到的款待,酒菜很丰富,宾主都十分欢愉。下午一点半,宴会接近尾声,客人开始退席,女导游走到餐厅门口与餐厅服务员一起,有礼貌地与各位游客道别:"多谢您的光临,请慢走。"

谁知道,有位游客下楼后没多久,又返回了餐厅。女导游以为他忘记了什么东西,问他:"先生,您有什么事呢?有什么我可以帮助的地方?"

"喔,没什么,"游客一本正经地回答,"只是,我刚才忘记吻你了。"游客站在那里不动,一副不吻不罢休的样子。在场的人都望着这位女导游员,不知她会如何应对这个场面。

只见她平静地走到游客面前,落落大方地伸出一只手,游客先生拿起她的手,吻了一下手背,然后满意地下楼去了。一个可能十分难堪的局面,被这位女导游员处理得自然、得体,不留遗憾。

△ 评析

服务人员可能会遇到各种各样的客人,他们有不同的文化背景、价值观和性格。这些会给服务人员提出更高的要求。服务人员必须了解和熟悉这些内容,才能提供合适的服务,才能更好地应对各种突发事件。该案例中的女导游员在面临这一意外时的灵活应对,既避免了尴尬局面,又使客人十分满意。得体的礼仪运用体现了一个人良好的素养和随机应变的能力。

考核指南

△ **小组练习**

将班里的学生分成若干小组,各小组选一位组长带领组员,完成各种餐厅特殊问题服务礼仪的练习。

△ **小组评价**

- 解决问题的能力。
- 服务的语言艺术。

△ **综合实训评价**

综合评价包括小组之间的互评和教师对各小组工作的系统评价,用于确定个人能力水平和努力方向。如表 14-2 所示。

表 14-2 餐厅特殊问题服务礼仪学习评价表

内容			评价	
学习目标		评价项目	小组评价	教师评价
知识	应知应会	解决矛盾冲突的技巧		
		应变能力技巧		
能力	专业能力	甜美的微笑礼仪		
		有效倾听礼仪		
	通用能力	解决问题能力		
		语言表达能力		
		沟通能力		
		协作能力		
态度	亲切问候、热情有礼,态度真诚			
教师、同学建议:			评价汇总: A. 优秀 B. 良好 C. 基本掌握	
努力方向:				

第五模块
电话服务礼仪

电话服务礼仪始终贯穿于电话服务之中,饭店接线员通过礼貌、耐心、甜美的声音向客人传递信息,沟通情感,提供问询和预订等服务,满足客人的需求,其服务质量的好坏,直接影响客人对饭店的印象,也直接影响饭店的整体运作。

学习目标

· 知识目标

了解接线员的岗位职责、接打电话的礼仪要求及语言表述礼仪,让客人感受到满意、尊重。

· 能力目标

具备为客人提供优质、高效的电话服务能力,在语言沟通中自觉养成真诚服务,顾客至上的职业观念。

· 素养目标

以热情的态度、礼貌的语言、甜美的嗓音和娴熟的技能开展优质高效的对客服务,使国内外客人能够通过电话感受来自饭店的热情礼貌和礼仪修养。

第十五专题
电话总机服务礼仪

饭店电话总机是饭店内外沟通联络的枢纽和喉舌。饭店以电话为媒介,为客人提供转接电话、挂拨国际或国内长途,提供叫醒、查询、IDD等服务。每一位话务员的声音都代表"饭店的形象",是饭店"只听悦耳声,不见微笑容"的幕后服务大使。话务员必须以热情的态度、礼貌的语言、甜美的嗓音、娴熟的技能,优质、高效地开展对客服务,使客人能够通过电话感受来自饭店的热情、礼貌和修养,甚至能感受饭店的档次和管理水平。

基础知识

电话服务的心理分析

- 重要的第一声。

  顾客给某饭店打电话，若一接通，就能听到对方亲切、优美的招呼声，心里一定会很愉快。声音清晰、悦耳，会给对方留下好的印象。接电话时，应有"我代表饭店形象"的意识。

- 要有喜悦的心情。

  打电话时保持良好的心情，即使对方看不见你，也会被你欢快的语调感染，由于面部表情会影响声音的变化，所以在电话中要以"对方看着我"的心态去应对。

- 清晰明朗的声音。

  接打电话过程中绝对不能吃喝；坐姿端正，发出的声音也会亲切悦耳，充满活力。因此打电话时，要当作对方就在眼前，尽可能注意自己的姿势。

- 迅速、准确地接听。

  听到电话铃声，应在三声之内接听。电话铃响一声大约 3 s。长时间不接电话，让对方久等是很不礼貌的，对方在等待时心里会十分急躁。

- 认真、清楚地记录。

  牢记"5W1H"技巧（When 何时，Who 何人，Where 何地，What 何事，Why 为什么，How 如何进行）。电话记录既要简洁又要完备。

- 了解来电话的目的。

  饭店总机的每个电话都十分重要。首先应了解对方来电的目的，如自己无法处理，要尽可能问清事由，认真记录，避免误事。

- 挂电话前的礼貌。

  要结束电话交谈，一般应当由打电话的一方提出，然后彼此客气地道别，说一声"再见"。通话结束后要等客人先挂电话方可轻轻挂断电话。

调整情绪的方法

- 自我鼓励法。

  用某些哲理或某些名言安慰自己，鼓励自己与困难、逆境作斗争。

- 语言调节法。

  语言是影响情绪的有力工具。悲伤时，朗诵幽默的诗句，可以消除悲伤；用"制怒""忍""冷静"等自我提醒、自我克制、自我暗示，也能调节自己的情绪。

- 环境制约法。

  环境对情绪有重要的调节和制约作用。情绪压抑的时候，到外边走一走，能起调节作用。心情不快时，到娱乐场所做游戏，会消愁解闷。忧虑时，最好的办法是去看喜剧电影。

▲ 注意力转移法。

把注意力从消极方面转到积极、有意义的方面，心情会豁然开朗。当你遇到苦恼时，可以将它抛到脑后或找到光明的一面。

▲ 能量发泄法。

对不良情绪可以通过适当的途径排遣和发泄。若消极情绪不能适当地疏解，容易影响身心健康。心烦时，找知心朋友倾诉；不满时，发发牢骚；愤怒时，适当地出出气；情绪低落时，可以唱欢快的歌。

▲ 总机接线员的岗位职责及礼仪要求

总机接线员的岗位职责及礼仪要求如表 15-1 所示。

表 15-1 总机接线员的岗位职责及礼仪要求

岗位职责	转接内外线电话，提供查询服务
	提供店内寻呼、电话留言、叫醒服务
	受理长途直拨电话服务
	向其他部门和岗位转达客人需求
	正确使用和维护各种通信设备
	维护工作区域卫生整洁
礼仪要求	仪容端正，发型标准，仪表整洁，服饰规范
	左手拿话筒，右手握笔，熟悉电话业务，迅速接听，正确记录
	掌握饭店服务、旅游景点及娱乐购物等知识信息
	口齿清楚，声音甜美，语速适中，语调轻柔，语气热情
	乐于为客人服务，信息沟通能力强
	严守话务机密

▲ 总机接线员规范用语

▲ 外线电话打进："您好（早上／下午／晚上好），××饭店总机。"

▲ 饭店内部电话："您好（早上／下午／晚上好），我是总机。"

▲ 客人打错电话："您好，这里是××饭店，电话号码是××，请您再重拨一次好吗？"

▲ 遇到电话忙音："对不起，先生／女士，电话占线，请问您要稍等吗？"或"对

不起，电话占线，请您过一会儿再打好吗？"
- 叫醒服务："您好，××先生/女士，这是您的叫醒服务，今天白天最高气温××摄氏度，祝您愉快。"
- 外线电话要求查找某人。
- 仔细听清要呼叫的人名和房号，同时记录下来，礼貌地说："好的，马上为您转接。"
- 如被叫方无人接听："对不起，××先生/女士，电话无人接听，请您过一会儿再打来好吗？"或"××先生/女士，很抱歉，电话现在无人接听，您是否需要留言？"

总机广播词训练

- 火警测试广播词及结束词。
- 各位女士、各位先生：早安！
  　　本饭店将实施紧急火警测试。本饭店现在正在实施紧急火警测试。请您不要惊慌，谢谢您的合作。
- 各位女士、各位先生：早安！
  　　本饭店紧急火警系统，现在已经测试完毕。谢谢您的合作。
- 因地震而停电的广播词及结束词。
- 各位女士、各位先生：早安！
  　　由于地震的关系，电力公司正采取分区轮流停电措施。停电期间，本饭店自备紧急发电设备，暂时只供应一部客用电梯以及部分公共区域照明，为此造成各位贵宾诸多不便之处，本饭店深感抱歉，由衷期待您的谅解，并感谢您的合作。
- 各位女士、各位先生：早安！
  　　本饭店自 10:00—11:00 的分区停电已经结束，目前所有供电系统已恢复正常。停电期间，造成各位宾客诸多不便之处，敬请再次谅解，并感谢您的合作。

服务技能

　　电话总机是饭店内外沟通联络的中枢，维系着饭店与外界、客人和饭店部门之间、其他客人之间的联系。它既是饭店的代言人、对外展示的窗口，又直接为饭店客人提供查询、叫醒、转接等服务，同时作为饭店内部服务与管理的重要沟通设施，还要充当饭店紧急情况下的临时指挥中心。饭店的安全通报系统一般设于总机室内，因此总机人员必须熟悉特殊情况的通报处理流程，在发生特殊情况时做出最佳处理，把损失降至最小。

总机服务员应以热情的态度、礼貌的语言、甜美的嗓音、丰富的知识、沟通的技巧和高度的责任感，为客人提供优质、高效的服务，让客人感到满意、受尊重。电话总机服务礼仪包括电话服务准备礼仪、转接服务礼仪、留言服务礼仪、叫醒服务礼仪、电话广播礼仪、紧急电话礼仪，具体内容如表15-2所示。

表 15-2 电话总机服务礼仪

内容	操作要点	作用
电话服务准备礼仪	（1）仪容礼仪 淡妆上岗，头发前不覆额，侧不过耳，后不及领，发色正常。衬衫领口和袖口露出 1～2 cm，工作服整洁规范，胸牌戴好 （2）仪态礼仪 坐姿稳重、端庄，上身挺直。面带微笑，情绪平和，心情愉快 （3）声音礼仪 使用普通话或相应的外语。吐字清晰，语调柔和，语速适中，音量适宜，语言简练，表述准确，耐心倾听 （4）培训资料中应具备各大饭店、大使馆、大医院、饭店周边餐厅酒楼、文艺场所等相关的电话号码	规范的仪容、仪态能使话务员心境平和；微笑可以美化声音，缩短彼此的心理距离；优美的声音使客人感到亲切、热情、周到
转接服务礼仪	（1）接起电话礼仪 铃响三声内接听电话，用礼貌用语向客人问好："您好，这里是××饭店，很高兴为您服务。" （2）询问服务礼仪 及时、准确地满足客人的询问 （3）转接电话礼仪 确保客人通信安全；重复客人提供的信息资料以确保工作质量。转接电话应说"好的，马上为您转接"，避免使用"请稍等"	热情地满足客人的合理需求，给予客人最大限度的照顾和帮助，让入住的客人感受无微不至的关爱
留言服务礼仪	（1）接听留言 店外客人要求留言，话务员认真核对店内客人的房号、姓名；准确记录留言者的姓名、电话和留言；复述留言内容，尤其是电话号码之类的相关信息，并得到客人的认可 （2）留言输入 用计算机查出店内客人房间，输入并核实留言内容；在下方提供服务员的姓名；打印出留言 （3）开/关留言灯 开启留言灯，当客人电话查询时，将访客留言内容准确地告知客人。关掉留言灯，清除电话留言内容	以热情的服务态度和良好的服务礼仪解答客人的各种询问，语言得体，简明扼要，恰到好处，真心诚意地关爱客人

视频：电话服务准备礼仪

视频：转接服务礼仪

视频：留言服务礼仪

续表

视频：叫醒服务礼仪

内容	操作要点	作用
叫醒服务礼仪	（1）明确要求 　客人要求叫醒，应问清客人房号、姓名及叫醒时间；复述客人叫醒要求并得到客人确认，祝客人晚安 （2）人工叫醒 　在客人指定的叫醒时间，按下客人的房间号码，用简练的语言、柔和的语音、和蔼的语气叫醒客人："您好，××先生/女士，这是您的叫醒服务，祝您愉快。"同时确保客人已经被叫醒	服务准确便利，注重礼仪，成为客人满意的服务保证，令客人感受到服务的真诚、热情
电话广播礼仪	（1）发音准确，吐字清晰，符合规范，即使在杂音环境中也能听清楚，语言具有较高的分辨率 （2）呼吸正确，要有一定的呼吸储量，口鼻共同呼吸 （3）声音圆润动听，播音要有较好的音色和良好的吐字技巧 （4）语言表达朴实大方，不能过分夸张和过多修饰 （5）播音富于变化，避免单调	在语言表达样式上采用播报式，要体现准确性、及时性和庄重感，要求语言节奏明快，声音纯正明朗
紧急电话礼仪	（1）安慰报警人保持冷静 （2）认真听清报警地点和报警人姓名并做好记录 （3）态度耐心、细致，避免中途打断对方谈话 （4）通知部门领导，填写报警记录。"您好××，××地点发生××，请您立即赶赴现场。"	遇到突发事件，总机服务员以较强的应变能力，从客人的立场出发，解除困境、化解矛盾，为客人提供优质服务

综合训练

⚠ **总机转接电话、留言服务礼仪训练**

动画：总机转接电话、留言服务礼仪训练

　　接线员：Good evening, Shangri-La Hotel. / 晚上好，香格里拉饭店。
　　店外客人：你好，请接 2012 房间。
　　接线员：请问您要找哪位接电话？
　　店外客人：王海先生。
　　接线员：好的，马上为您转接。
　　接线员：对不起，王先生房间没人接听，请问您需要留言吗？
　　店外客人：好的，请你转告王先生，明早 8 点，中餐厅一起用早餐。
　　接线员：我可以知道您的名字吗？
　　店外客人：李玲。
　　接线员：好的，李女士，您要告诉王先生明早 8 点在中餐厅一起用早餐，对吗？
　　店外客人：是的。
　　接线员：好的，我一定转告王先生。

客人：谢谢，再见。

接线员：不用谢，李女士，再见！

▲ 总机与客人沟通服务训练

客人赵小姐要求房号保密，有外线说有急事找该客人，总机服务员小李该如何处理？

A．"您好，先生，实在抱歉，客人要求房号保密，所以不便接通电话，请您谅解。"

B．"您别着急，我尽快为您接通电话，以免误了大事。"

C．请问对方的姓名、单位或所在地，然后告诉客人，询问客人是否接这个电话。如果客人表示不接任何电话，应立即通知总台在计算机中输入保密标志，遇有人来查询，即答客人未入住饭店。若客人有更具体的要求，如可接长途、可接指定人员电话，根据客人的要求转接电话。

小组分析：A 的做法表面上好像满足了客人的要求，但是没有考虑到这样的做法一是泄露了客人的隐私，二是可能耽误客人的事情。B 的做法没有尊重客人意愿，绝对不能那样做。C 考虑到客人的意愿同时也尊重了客人的隐私，客人的要求得到了满足，是比较妥当的处理方法。

小组讨论：本案例情况下，如果外线客人从语气上表现出对入住客人的不利，又该如何处理？

▲ 克服心理障碍训练

- 心理稳定法。
- 提前进入服务场所，熟悉环境。
- 先了解要接待的客人的有关情况，消除陌生感。
- 慢慢喝水，慢慢咽下，稳定情绪。
- 做几次深呼吸，使呼吸与心跳趋向正常。
- 专心致志，排除干扰，考虑接待程序和方式。
- 与客人交谈不抢话，要全心、留心、专心倾听，先听后说。
- 直接暗示法。

该法也称为"镜子技巧"，先对镜整理自己的仪容，满怀自信地大声说几遍"你今天一定成功"，然后精神焕发地上岗。自我肯定的潜意识会克服胆怯与自卑，增强说话的信心。

▲ 急救电话的礼仪训练

▲ 接到紧急报警：认真听清报警地点和报警人姓名并做好记录；重复报警地点和报警人姓名。

▲ 通知有关部门：所有当班人员按顺序立即通知有关人员，注意白天和夜间通知的区别；规范用语："您好××，××地点发生××，请您立即赶赴现场。"

▲ 复核并记录：逐一复核所有被通知者是否回电，并记录回电的时间。

- 电话总机在未接到总指挥的命令前，应坚守岗位，快速、准确、无误地传递信息和指挥部的命令。

◣ 恐吓电话的礼仪训练

- 保持镇静。
- 详细记录：记录日期、来电号码、来电时间、挂断时间、打电话人的原话，尽量问出更多的情况（如危险品地点、形状大小、安放原因等）。
- 立即报告：立即通知保安部并根据交换机的配置，采取电话录音，查出来电显示，做好记录。
- 坚守岗位：通知相关的人员，根据指令再通知总经理及副总经理。在未接到总指挥的命令前应坚守岗位，快速、准确、无误地传递信息和指挥命令。
- 注意保密：不与他人谈及电话内容。

拓展阅读　总机是饭店的第二张"脸"

总机被业内人士称为饭店的第二张"脸"。总机话务员每天要接几百甚至上千个电话，回答客人各种各样的问题，还要应付各种突发状况，如果总用一种说话方式、一种语气对待所有的客人，总会有不适合的时候，为了避免客人不满和反感，在接听电话时要特别注意自己言辞用语和语气态度。用其专业的声调、语言以及热情的服务态度让客人有宾至如归之感。

1. 要注意自己的语言语调

接起电话的时候声音音量要适中，语调要柔和、轻快、甜美，让发出的每一个声调都给客人一种愉悦的感受。还要注意说话的速度，不要太快，也不要太慢，要根据客人当时的语气、打电话的目的等因素来调整自己说话的速度，以应对不同情形的需要。

2. 说话时要面带微笑

在与客人交流的过程中，面带微笑与板着脸发出的声音是不一样的，尤其是在电话沟通中对方可以明显感受出来。亲切、明快的声音使对方感到舒服和满意；单调、古板的声音会使对方产生不愉快和误解，间接影响饭店的形象。

3. 注意倾听

注意倾听客人的讲话，认真听客人在说什么，在听的时候偶尔也要附和一两声，有必要的话用笔把他说的内容记录下来。听完客人说话后，再总结他打电话来的目的，适当地安慰一下客人，在职责范围内能解决的问题要马上给予答复，超出能力范围的要向他说明原因，可告知对方待请示领导后再予以答复。在沟通过程中要注意千万不要过度推卸责任，给客人留下不负责任的感觉。

4. 应对例外

对于无理取闹或带有骚扰性质的电话，在力所能及的情况下，可以尽力柔化对方。对于性质严重的，大可不必多理会，可以在一句礼貌客套话的过渡后迅速挂断电话。

案例　爽约的叫醒服务

某日，909房间的客人在20:00左右致电前台要求设置叫醒服务，据当班接待员反映，客人当时称要一个"明天12:20"的叫醒服务，接待员还重复问了一句："是明天吗？"客人确认了。但次日一早，客人到前台称他要的是凌晨12:20即0:20的叫醒服务，且告诉了前台接待员是凌晨叫醒。客人买了长沙到西安的火车票，票价490元，但由于没有叫醒，导致他睡过了头，耽误了火车。前台马上为客人订了18:00的飞机票，客人自己付了机票费，但要求酒店赔偿他火车票钱。经过调解，客人同意免赔火车票费用。

评析

客人会记错当天的日期，在服务人员与其确认时可能出现时间上的误差，因此，服务人员在向客人确认时要加上"今天是×月×日，您是需要在明天也就是×月×日吗？"之类时间确认的话，以提醒客人。

当客人在晚上或凌晨提出叫醒服务要求时，服务人员尤其要注意确认叫醒时间。例如，客人在22:00通知"第二天6点叫醒"，服务人员便应确认是上午6点还是下午6点等。要记录好客人打电话和要求叫醒的具体时间，便于进行核对。

考核指南

小组练习

小组合作以转接服务礼仪、留言服务礼仪、叫醒服务礼仪为背景，以对话的形式编写"总机电话服务"情景剧剧本，并分角色扮演，完成电话总机服务礼仪练习。

综合实训评价

依据服务情景剧的表演情况，按照能力评价表，展开小组内的自评、小组间的互评和教师的评价，用于确定个人能力水平和努力方向。如表15-3所示。

表15-3　总机电话服务礼仪学习评价表

内容			评价	
学习目标		评价项目	小组评价	教师评价
知识	应知应会	转接电话礼仪		
		留言服务礼仪		
		叫醒服务礼仪		
		电话广播礼仪		
		紧急电话礼仪		
能力	专业能力	运用仪表仪态声音礼仪		
		运用接转电话礼仪		
		运用留言服务礼仪		
		运用叫醒服务礼仪		
		运用电话广播礼仪		
		运用紧急电话礼仪		
	通用能力	语言表达能力		
		电话广播能力		
		组织沟通协调能力		
		解决问题能力		
		特殊情况应变能力		
		自我管理能力		
		创新开拓能力		
态度	热爱工作，对待客人真心诚意，冷静接听，细心谦逊，热情主动，有问必答，有求必应			
教师、同学建议：			评价汇总： A. 优秀 B. 良好 C. 基本掌握	
努力方向：				

第十六专题
部门电话服务礼仪

　　饭店各个部门及重要岗位的服务员在电话服务过程中，除了声音甜美、态度热情、解决问题，还需注意与周围环境自然融合，注重细节服务和情感服务，一边用声音与话筒另一端的客人友好地沟通，一边用眼神、微笑、手势、体态等无声语言与现场客人交流，不遗余力，精益求精，提高客人的满意度和忠诚度。

基础知识

电话基本应答语

- 客人来电话应答语:"您好,这里是××部门,很高兴为您服务。"
- 铃响三声之后才接起电话应答语:"对不起,让您久等了。"
- 听不清或没听懂客人问话应答语:"对不起,我没有听清,请重复一遍,好吗?"
- 不能立即通话应答语:"对不起,马上回复您。"
- 接受客人吩咐应答语:"好,明白了。""好,听清楚了,请您放心。"
- 失误或给客人添麻烦应答语:"实在对不起,给您添麻烦了。""对不起,刚才疏忽了,今后一定注意,不再发生这类事,请批评指导。"
- 服务结束应答语:"请好好休息,有事尽管吩咐,再见。""祝您居住愉快,再见。"
- 客人表示感谢应答语:"不用谢,这是我应该做的。""别客气,我很乐意为您服务。"
- 客人致歉应答语:"没关系。""这算不了什么。"
- 客人提出无理要求应答语:"很抱歉,先生/女士,我需要把您的要求反馈给我的领导,稍后给您回电话,可以吗?"

部门电话服务用语

- 接听电话先通报服务用语:"这里是客房服务,请问有什么需要帮忙的吗?"通话时注意措辞和语气,重要事情应适当记录,并进行复述。
- 应到背离来访者的地方电话联系客人。如客人在房间,应电话通知住店客人服务用语:"先生/小姐,您好!大厅内有××先生/小姐来访,您方便会客吗?"如客人不在应讲服务用语:"对不起,××不在,有什么事我可以转达吗?"征求客人意见然后应答来访者应对访客讲服务用语:"对不起,××先生/小姐现在不方便会客。"
- 给客人送餐前应打电话服务用语:"您好!先生,我是客房服务员,您订的餐可以给您送到房间吗?"
- 派送衣物时应先打电话服务用语:"先生/小姐,您好,您的衣服已洗好了,可以给您送到房间吗?"
- 发现客人房间的房门未关上时,应给客人打电话服务用语:"您好,××先生/小姐,我是服务员,你的房门没有关,为了您的安全,请把房门关好。"
- DND房处理流程,客人在房间里,在14:00后打电话询问客人服务用语:"××先生/小姐,您好!打扰了,我是客房服务员,请问您需要什么时间打扫房间?"
- 如遇到客人投诉,自己解决不了时,应对客人讲服务用语:"对不起,我会马上把您的情况反馈给领导并及时给您回复。"

- 转送外部门送给客人的物品应提前联系服务用语:"先生,××部门送您的××现在方便给您送去吗?"
- 不知如何回答应讲服务用语:"对不起,先生/女士,我帮您联系一下××,稍后马上给您回复好吗?"
- 在接听电话时,另一部电话响了,应讲服务用语:"对不起,马上给您回复。"然后再接另一部电话。当回到第一部电话时,应对客人表示歉意:"对不起,先生/女士,让您久等了。"

服务技能

部门服务员以真诚服务客人、满足客人需求为宗旨,注重服务礼仪,使用礼貌用语,周到、细致地留意、体察客人的需要,主动热情、有针对性地为宾客提供一个方便、舒适的生活环境,使来宾感到满意、称心,并不断提升服务品质,让客人留恋美好的饭店时光。

部门电话服务礼仪一般包括打电话的礼仪、接电话的礼仪两项内容,具体如表16-1所示。

表 16-1 部门电话服务礼仪

视频:打电话的礼仪

内容	操作要点	作用
打电话的礼仪	(1)事先准备 打电话之前,先准备纸、笔,想好内容,确认号码、房间、名字 (2)选择时间 挑选对方方便的时间,确认对方是否有时间,如"百忙之中打扰您了,关于×××一事,请问您有时间吗?" (3)使用敬语 礼貌地称呼、问候宾客并自报身份,如"先生/女士,您好!我是××部××。"节假日特别问候:"新年好!""圣诞快乐!""假期愉快!"等 (4)从结论讲起 按理由—细节—经过的顺序,按5W3H(When、Where、Who、Why、What、How、How much、How many)的要领组织语言,简明扼要、表达清楚 (5)态度亲切,声音甜美,语言简洁,说普通话,发音准确,语气柔和,语调平稳,语速、音量适中,声音愉悦,措辞得体。以祝福语结束:"谢谢您,祝您愉快。"轻按键,再放话筒	正确使用电话,注重客人需求,注重细节服务,注重情感服务,提高工作效率,创造友好气氛,符合客人的心愿,达到客人称心、满意

续表

视频：接电话礼仪

内容	操作要点	作用
接电话礼仪	（1）铃响三声之内接听 　　人们等待电话接听的心理限度通常是10 s（即少于三声）。若听到"请稍等"，则通常不超过30 s。30 s后，要请对方再等一下，或挂断后再打 （2）接听姿势 　　上身挺直，面带微笑，态度真诚，左手拿话筒，右手备好纸和笔，集中注意力，仔细倾听，认真应答，详细记录 （3）确认对方身份 　　"您好！您是××房间的××先生对吧？"对方不报名字时，要耐心问清楚："不好意思，请问您贵姓？""您是哪一位？"没听清时："不好意思，能请您再说一遍吗？" （4）要找的人不在 　　首先，温和地道歉。其次，说明情况。最后，征求对方意见，如让被找的人回电话："需要让××回来以后，跟您联系吗？"或让别人代接："如果方便的话，××也知道，让他接电话，好不好？"还可以请对方留言："如果方便的话，我是××，您有留言吗？" （5）分机转接出错 　　告知对方："抱歉，×××不是这个号码，他的分机号码是×××，我先帮您转接，如果没转过去请您再重拨，请不要挂机。"迅速转接 （6）结束电话 　　应当委婉、礼貌地道别，如"好吧，我不占用您的时间了，谢谢您，再见。"等对方挂断后，再轻轻挂电话	服务人员通过规范的电话服务礼仪，让客人感受到服务的超值甚至惊喜，依据客人的需求、生活习惯、个性爱好，在服务中付出真诚，给予客人关爱，服务准确、高效，确保客人生活舒适、工作顺利

综合训练

呼吸训练

发音靠振动，振动靠气息，所以要使声音洪亮，中气十足，就要有饱满的气息。呼吸要深入、持久，要随时保持一定的呼吸压力。声音很响亮，道理就在于气息畅通，声音集中，通行无阻。说话也是这样，要尽量让自己的气息贯通，让声音尽量沿着口腔内部的中纵线穿透而出，这样才能使声音集中而明亮。

- 吸气要领：吸到肺底—两肋打开—腹壁站定。
- 呼气要领：稳劲—持久—及时补换。
- 要坚持训练，如：平心静气地去闻鲜花的芳香；突然受到惊吓时的倒吸冷气；模拟吹灰尘，还可以利用早上起床的时间做一些训练。
- 具体方法是：全身平躺在床上，尽力伸展身体，收缩腹部，把一只手平放在横膈膜上，将另一只手放在胸骨上，然后尽力吸气，吸气的同时说"哦，哦，哦"，呼气的同时说"哈，哈，哈"，这样练习几次，能够使气息充盈全身。然后再说出"早—上—好"，说的时候，手要能感觉到胸腔是在振动。

◁ 共鸣训练

　　声音必须是通过胸腔共鸣产生的，而不是堵在嗓子眼里。首先练习张开嘴而不是咬着牙说话。开始训练时，大声朗读以下内容，仔细体会发音时胸腔、口腔、鼻腔共鸣的感觉。
- 口腔共鸣练习可大声朗读：澎湃、碰壁、拍打、喷泉、品牌。
- 鼻腔共鸣练习可大声朗读：妈妈、买卖、弥漫、出门、戏迷。
- 胸腔共鸣练习可大声朗读：暗淡、反叛、散漫、计划、到达。

◁ 发音训练

- 提颧肌。以微笑的动作来体会。互动：我醒来了。我满怀喜悦，迎接新的一天。我感到自己的变化，现在我用快乐与自信代替了自怜与恐惧。
- 打牙关。互动：请学生体会打牙关发"a"的音。
- 挺软腭。互动：说到底，微笑是爱的体现。现在我知道，生活不是由伟大的牺牲构成，而是由一些小事，像微笑、善意和小小的职责组成的。
- 松下巴。互动：我要用全身心的爱来迎接今天。因为，这是一切成功的最大秘密。强力能够劈开一块盾牌，甚至毁灭生命，但是只有爱才具有无与伦比的力量，使人们敞开心扉。

◁ 吐字训练

- 八百标兵：八百标兵奔北坡，炮兵并排北边跑，炮兵怕把标兵碰，标兵怕碰炮兵炮。
- 画凤凰：粉红墙上画凤凰，凤凰画在粉红墙。红凤凰、粉凤凰，粉红凤凰花凤凰。
- 漆匠和锡匠：七巷一个漆匠，西巷一个锡匠，七巷漆匠偷了西巷锡匠的锡，西巷锡匠拿了七巷漆匠的漆，七巷漆匠气西巷锡匠拿了漆，西巷锡匠讥七巷漆匠偷了锡，请问漆匠和锡匠，谁拿谁的锡？谁偷谁的漆？
- 撕字纸：刚往窗上糊字纸，你就隔着窗户撕字纸，一次撕下横字纸，一次撕下竖字纸，横竖两次撕下四十四张湿字纸，是字纸你就撕字纸，不是字纸，你就不要胡乱撕一地纸。

语调练习

高升调——一般用于提出问题、等待回答。
- 您好，请问有什么可以帮您的吗？
- 请您稍等好吗？
- 请您大声些好吗？
- 对不起，请您慢慢说好吗？
- 请问还有什么可以帮您？

降抑调——一般用于陈述句、肯定句、感叹句、祈使句等。
- 如果有什么问题，欢迎再打来电话。
- 不好意思，让您久等了。
- 不用谢。
- 很高兴听到您的意见。
- 谢谢您的来电，再见。

语气练习

表意语气。
- 你要明白这一点啊。（提醒）
- 你赶快走吧。（催促）
- 你真的不知道吗？（质问）
- 这显然是很正确的嘛。（说理显而易见）
- 喂！你到哪里去呀？（招呼）
- 你猜这是对的吧。（揣测）

表情语气。
- 多么美好的春天啊！（赞叹）
- 哎哟！我给忘了。（惊讶）
- 唉，这下完了。（叹息）
- 哦！我明白了。（醒悟）
- 不允许这样做。（制止）
- 呸！你这个无耻的小人。（鄙视）

表态语气。
- 事情确实是这样的。（肯定）
- 这样做还可以吧。（委婉）
- 你长得比山还要高一截呢。（夸张）

停连训练

停，指停顿；连，指连接。在电话语言的表达中，为表情达意的需要所做的声音中断、休止就是停顿；不中断、不休止的地方叫作连接。为了呼吸换气，为了层次分明，为了突出重点，都需要停顿。有停顿、有连接才能更好地传情达意。

停连的作用表现在许多方面：有的组织区分，使语意明晰；有的造成转折呼应，使逻辑严密；有的可以强调重点，使目的鲜明；有的并列分合，使内容完整；有的体现思考判断，使传情更加生动；有的令人回味想象，创造意境。

停连标记符号：∧表示停顿，▲表示停顿时间比∧稍短。

［例1］您好，王先生不在，需要留言吗？
- 您好▲王先生∧不在，需要留言吗？
- 您好∧王先生不在▲需要留言吗？

［例2］您说我不对。
- 您说我∧不对。
- 您说∧我不对。

［例3］无鸡鸭亦可无鱼肉亦可青菜一碟足矣。
- 无鸡鸭亦可∧无鱼肉亦可∧青菜一碟▲足矣。
- 无鸡▲鸭亦可∧无鱼▲肉亦可∧青菜▲一碟足矣。

◁ **重音训练**

在总机服务工作中，为了准确地表达语意和感情，有时需要强调那些起重要作用的字词或短语，被强调的这个字词或短语通常叫作重音。同样一句话，由于重音不同，整句话的意思也就发生了很大的变化。

［例］我请你原谅。
- 我请你原谅。（请你原谅的不是别人）
- 我请你原谅。（怎么样，给面子吧？）
- 我请你原谅。（不是请别人）
- 我请你原谅。（不是请你吃饭）

拓展阅读　有的放矢提高服务质量

在饭店行业市场竞争十分激烈的今天，必须营造轻松、愉悦的饭店氛围，塑造饭店精品意识。追求的服务必须规范、个性、超值，甚至是让客人倍受感动的服务，以满足客人多层次、多方面、多变化的需求。客人的满意是饭店追求的最高境界，客人的满意也是评价饭店服务质量的唯一标准。可从以下几方面提高服务质量。

1. 微笑、问候、礼貌

每一位光临饭店的客人，在踏入饭店大门时，都希望见到服务人员亲切的微笑、热情而真诚的问候、彬彬有礼的举止，这是饭店留给客人的第一印象，也是客人得到尊重的第一感受和情感需求。豪华气派的大堂、高档名贵的装饰代表不了饭店的热情。它只是星级和档次的体现。

2. 高效、规范、准确

无论前台登记入住，还是餐厅用餐、客房服务，过久地让客人等待，都将使饭店的服务大打折扣，甚至遭到客人投诉。每一位入住饭店享受服务的客人，都希望饭店的服务规范、高效、准确，甚至是超值服务。

3. 尊敬、关心、体贴

日本的饭店服务业，把对宾客的尊敬、关爱、体贴放在首位，并贯穿于整个服务之中。见到客人要亲切地问候，同时报以甜美的微笑。90°的鞠躬、礼让服务等，处处体现出把客人当成上帝予以尊敬、关心、体贴。国内饭店业在服务中可以多借鉴。

4. 诚实、守信、忠诚

饭店服务人员不但要尊重客人、关心客人，而且要忠诚于饭店企业，既要忠诚于自己从事的事业，更要忠诚于宾客，要诚实可靠、守时履约、诚信待客。

5. 安全、舒适、方便

宾客对饭店的最高需求就是对安全的需求，客人需要饭店有一个良好安全的环境，包括人身和财产安全、设备设施的使用安全、食品卫生安全、电话网络的安全等都必须得到保障，没有人身和财产的安全，再豪华的饭店、再优惠的价格、再优良的服务，也不会有顾客光临、下榻。

6. 绿色、环保、洁净

绿色、环保、洁净是客人对任何一家饭店提出的基本要求。如果饭店连这点需求都不能满足客人，那么培养忠诚的顾客只能是一句空话。

案例　旅行社与饭店因订房纠纷起诉至法院

某旅行社在国庆节前向饭店发传真预订15间客房，准备在国庆节期间安排一个旅行团30人入住。饭店接到订房传真后，发现国庆节期间饭店剩余的房间只有12间客房，于是就在旅行社的订房传真上写了"本饭店只能提供12间客房"的字样，并将该传真回传给旅行社。旅行社收到该传真后，没有再与饭店联系。国庆节期间，旅行社导游领着24名游客来饭店住店。饭店销售说，旅行社没有确认要预订12间客房，因此没有为旅行社预留客房。旅行社认为，饭店既然已经书面认可可以提供12间客房，饭店就应当预留12间客房给旅行社。双方发生争议，后来协商不成，旅行社就起诉至法院，要求饭店赔偿损失。

评析

饭店在预订传真上写了"本饭店只能提供 12 间客房",这在法律上属于要约,这需要得到旅行社的确认。案件中旅行社对饭店的要约没有确认,因此,双方并未达成订房合同,饭店没有为旅行社预留客房的义务,所以饭店没有提供 12 间客房不属于违约行为。

饭店预订人员在进行预订变更时最好与对方预订人员进行再次沟通,以避免误会。

预订变更必须得到对方的书面确认,否则订房合同不成立。试想本案例中,假如饭店为旅行社变更了预留房间,而旅行社没有带团入住,饭店同样不能追究旅行社的违约责任。

考核指南

小组练习

将班里的学生分成小组,各小组选一位组长带领组员,小组合作编排前厅、餐厅、客房、休闲中心等部门电话服务情景剧,并完成服务礼仪表演。

综合实训评价

综合评价包括小组之间的互评和教师对各小组工作的系统评价。如表 16-2 所示。

表 16-2 部门电话服务礼仪学习评价表

内容			评价	
学习目标		评价项目	小组评价	教师评价
知识	应知应会	转接电话礼仪		
		留言服务礼仪		
		叫醒服务礼仪		
		电话广播礼仪		
		紧急电话礼仪		
能力	专业能力	运用仪表仪态声音礼仪		
		运用接转电话礼仪		
		运用留言服务礼仪		
		运用叫醒服务礼仪		
		运用电话广播礼仪		
		运用紧急电话礼仪		

续表

内容		评价	
学习目标	评价项目	小组评价	教师评价
能力　　通用能力	语言表达能力		
	电话广播能力		
	组织沟通协调能力		
	解决问题能力		
	特殊情况应变能力		
	自我管理能力		
	创新开拓能力		
态度	热爱工作，对待客人真心诚意，冷静接听，细心谦逊，热情主动，有问必答，有求必应		
教师、同学建议：		评价汇总： A. 优秀 B. 良好 C. 基本掌握	
努力方向：			

第六模块
会议服务礼仪

会议服务是饭店的一项经常性的活动，会议接待具有综合性的特点。随着当今社会经济的发展，文化交流与合作日益频繁，各种会议活动也越来越多，会议接待业务迅速发展，并呈市场化、产业化趋势。要做好会议接待，必须熟悉相关的交往礼仪和基本技能。

学习目标

· 知识目标
1. 了解会谈的程序及会谈座位安排的礼仪要求。
2. 掌握会谈服务和商务签字仪式的礼仪要求。
3. 掌握大型会议的排座原则及合影位置的排列方法。

· 能力目标
1. 具备会谈服务礼仪和商务签字仪式礼仪的能力。
2. 具备为客人提供规范和高标准的会议服务礼仪的能力。

· 素养目标
1. 培养创新意识、创新能力，以及通力合作、集体至上的团队精神。
2. 养成尊重不同客人宗教信仰和民族习俗的职业态度；在服务政治会议中具有坚定的政治觉悟和政治立场。

第十七专题
会谈服务礼仪

会谈是指双方或多方就某些重大的政治、经济、文化、军事问题,以及其他共同关心的问题交换意见。一般来说,会谈的内容较正式,指向性较强。因此,公务洽谈、业务谈判也可称为会谈。对正式访问或专业访问,多安排相应的会谈。

基础知识

会见与会谈的区别

会见与会谈的区别如表 17-1 所示。

表 17-1　会见与会谈的区别

	会见	会谈
定义	国际上一般称接见或拜会（注）	主要是指国家领导人之间的见面
场合	一般适用于私人场合	一般用在正式外交场合
特点	一方为主，一方为客	双方或多方平等
性质	礼节性的	较为正式，级别高，政治性或专业性较强

注：会见分为两种，凡身份高的人士会见身份低的，或者主人会见客人，称为接见或召见；凡身份低的人士会见身份高的，或者客人会见主人，称为拜会或拜见。接见和拜会后的回访，称为回拜。

会谈的程序

- 主人在会客厅门口迎接客人（如果主人在会客厅门口迎候，则应由工作人员在大楼门口迎接，引入会客厅）。
- 会面介绍，宾主握手。介绍时，应先将主人介绍给客人，随后将客人介绍给主人。如客人是贵宾或大家都熟悉的知名人物，就只将主人介绍给客人。介绍主人时要把姓名、职务说清楚。介绍到具体人时，应有礼貌地以手示意。
- 合影留念。
- 入座、会谈。
- 记者采访（在正式谈话开始前采访几分钟，然后离开）。
- 会谈结束，主人送客人至车前或门口握手告别，目送客人离开后再退回室内。

会谈座位的安排

会谈可分为双边会谈和多边会谈两种。小范围会谈可以不用长桌，只设沙发。双边会谈通常用长方形或椭圆形桌子，宾主相对而坐，主人坐背门一侧，客人面向正门一侧，主谈人居中，翻译座位的安排应尊重主人意见，可以安排在主人右侧，也可以安排在主人后面。其他人可按礼宾次序左右排列。记录员安排在后面。如果会谈长桌一端对着正门，则以入门方向为准，右为客方，左为主方。多边会谈，座位可摆成圆形、方形等。

服务技能

正式会谈是指两国为了加强双方官方关系,尤其是由国家元首和政府首脑出面的一种高规格的外交活动。工作会谈则仅限于国家间内阁部长以下,其特点是时间短,甚至下飞机就谈,谈完就走,礼仪从简,有时因情况需要,政府首脑间会晤也采取这种形式。

会谈服务礼仪突出会谈座位安排礼仪、座位服务礼仪、茶水服务礼仪等内容,并懂得所突出礼仪的作用,做到既注重礼仪外在形象,又注重礼仪内涵。礼仪操作要点和礼仪作用如表 17-2 所示。

表 17-2　会谈服务礼仪

内容	操作要点	作用
会谈座位安排礼仪	(1) 会谈一般用长方形、椭圆形或圆形桌 (2) 宾主相对而坐,以门为准,客人面向门坐,主人在背门一侧 (3) 主谈人居中,翻译安排在主谈人右侧或身后,其他按主宾顺序左右排列	按照座次礼仪惯例,面向门为尊、离门远为尊、以右为尊、居中为上、前排为上,体现对客人的尊重和礼遇
座位服务礼仪	(1) 会谈开始服务礼仪 客人来到会谈桌前,服务员要上前拉开椅子,当客人站到椅子前面时,推椅子到客人腿弯处 (2) 会谈期间服务礼仪 迅速整理好座椅、桌面用品;站在适当的位置观察,客人招呼,要随时应承、及时处理。 (3) 会谈结束礼仪 主动拉椅,照顾宾客退席;检查现场有无遗留物品;恭候客人离开	会议服务员亲切自然的表情,恰到好处的拉椅,体贴细心的服务,给客人提供了便利、舒适
茶水服务礼仪	(1) 上茶顺序 先客人后主人,先女士后男士,先长辈后晚辈。不知主宾时,顺时针上茶 (2) 敬茶的方法 将茶盘放在备用桌上,一手拿着茶杯的杯托,另一手托底,从客人的右后侧双手递上,杯把朝向来宾的右手一侧。斟茶以七分满为佳 (3) 递纸巾礼仪 先主宾再主人,递送时热情地道声"请",用后及时收回,保持台面整洁 (4) 续水礼仪 用小暖瓶 20 分钟续一次水;茶杯拿到桌角,并带一条小毛巾	会议服务员温文尔雅的态度、周到得体的服务、细致入微的动作、温馨优雅的礼仪,让客人有良好的体验

视频:会谈座位安排礼仪

视频:座位服务礼仪

视频:茶水服务礼仪

综合训练

▲ **拉椅让座服务训练**
  ▲ 礼仪角色
      请两名学生分别扮演客人和服务员。
  ▲ 礼仪要求

动画：拉椅让座服务训练

- 双手扶住椅背两侧，右膝轻抵椅背下方。
- 缓慢平稳地将椅子拉出。
- 待宾客两膝略弯，即将坐下时，双手扶住椅背，右膝抵住椅背下方。
- 手脚配合，轻轻向前推进座椅。

▲ **会谈倒茶服务礼仪训练**
  ▲ 礼仪角色
      准备暖壶、茶壶、带杯盖的茶杯及口杯，学生分组扮演服务员和会晤客人。
  ▲ 礼仪要求
- 茶壶：按先宾后主、女士优先的原则，依次为客人倒茶。茶壶嘴不准朝向客人，并说"请用茶"。
- 茶杯：注意左右手交替服务，先左手中指与无名指夹住杯盖内转180°撤回，然后右手斟茶完毕撤回，再左手放置茶盅，上方外转180°将杯子盖上。杯把一律朝客人的右手一侧。
- 暖壶：左手提暖壶，右手中指与无名指夹住杯盖，食指和拇指捏住杯耳上端，不能把杯盖直接扣在桌上。侧身站在客人右侧，把杯拿出在客人右后侧斟倒。茶倒八分满，不滴不洒，不少不溢。在桌上放杯子及盖杯盖时，不能发出响声。
- 口杯：一手食指和拇指握住杯子下三分之一处，另一手食指托底，放在桌上，后退一步，欠身示意："请用茶。"

拓展阅读　剪彩的来历

　　1912年，美国圣安东尼奥市的华狄密镇上的一家大百货公司将要开张，老板威尔斯严格地按照当地的风俗办事，在早早开着的店门前横系着一条布带，万事俱备，只等开张。这时，老板威尔斯10岁的女儿牵着一只哈巴狗从店里匆匆跑出来，无意中碰断了这条布带。这时在门外等候的顾客及行人以为正式开张营业了，蜂拥而入，争先恐后地购买货物，真是生意兴隆。不久，当老板的一个分公司又要开张时，想起第一次开张时的盛况，又如法炮制。这次是有意让小女把布带碰断，果然财运又不错。于是，人们认为让女孩碰断布带的做法是一个极好的兆头，因而争相效仿，广为推行。此后，凡是新开张的店铺都要邀请年轻的姑娘来撕断布带。

后来，人们又用彩带取代色彩单调的布带并用剪刀剪代替用手撕，有的讲究用金剪子。人们给这种正式的做法取名为剪彩。剪彩的人也逐步被一些德高望重的社会名流甚至是国家元首代替。

案例　公共关系部周日联系员工加班修改横幅

某酒店公共关系部的小宇，在陪同某公司的客户最后一遍检查会议室的布置时，客户代表提出作为宣传会议主题的横幅中有两个字不妥，想改动一下，要求酒店想办法在当天晚饭前解决。这是个让人厌烦的问题，因为整个会场的布置、横幅的字样，都是百分之百按客户的要求制作的，没想到，临近会议开幕，客户代表提出要改变字样。小宇心里有点犯难了，一是换横幅等于要重新制作，一条横幅20多个字，有相当的工作量，小宇已经专为恭候客户代表检查而忙碌了一天；二是由于是星期天，美工室没有人上班，如何是好？小宇有些不太愿意，但毕竟小宇是经过专业培训的服务人员，那种为客户服务、客户就是上帝的意识最终战胜了她心中的不快，她又全身心地投入工作中去。此时已是傍晚，小宇通过总办主任，在找遍美工无果的情况下，借助公卫部的员工，从清洁班员工的手中取出了美工室的钥匙，先把各种纸张、工具配齐，又到酒店外面，将以前在美工室上班的督导部主任从家中请回加班，一直干到晚上，终于按照客户代表的修改方案完成了横幅的重新制作，保证了会议在第二天顺利召开。客户代表相当感动。

一个月后，该公司的第二期干部素质培训班，又在该酒店举行了。

评析

酒店的公共关系部是一个集中反馈客人意愿的窗口，是一个协调各部门有效协作的准指挥机构。"客户就是上帝，客户的需要就是一切"是酒店业的基本理念，因为有了客户，我们的工作才有意义和价值。公共关系部在与客户长期的合作中，懂得了善待客户的重要性。业务单来源于客户，只有源源不断地接待会议和团队，酒店才能生存和发展。

现在人们逐渐认同很多情况下情商的作用高于智商，与其与客户单纯斗价，不如进一步对客户"感情投资"。应该经常变换一下角度考虑问题：如果我是客户，我的心情会怎样？当代国际上有的营销专家认为，"2+8"定律同样适用于销售部门。一般，80%的订单来自只占客户20%的老客户，20%的订单来自占客户80%的新客户。因此，从效率和效益的角度看，长期维护老客户和有大订单是一个长期不懈的目标。作为一名公共关系员，必须在工作中妥善处理新老客户与大小订单之间的关系，满足客户的要求和愿望。不管自己如何困难，都应全力以赴。当然做不到的事情，绝不能乱许愿。对每个客户提出的问题的解释，不仅应是合理的，而且也应是善意的。这就需要真挚情感的投入，信任就是这样产生的，信任就是客源。客户的抱怨可能会伤害我们的自尊，劳苦我们的身心，烦扰我们的心情，但拒绝和推诿客户的要求却会使我们丧失一切。

考核指南

◢ 小组练习

将班里的学生分成小组，各小组选一位组长带领组员，完成会谈服务礼仪操作。

◢ 小组评价

会谈礼仪。

◢ 综合实训评价

综合评价包括小组之间的互评和教师对各小组工作的系统评价，用于确定个人能力水平和努力方向。如表17-3所示。

表17-3 会谈服务礼仪学习评价表

内容			评价	
学习目标		评价项目	小组评价	教师评价
知识	应知应会	服务员的着装知识		
		会谈座位安排的基本知识		
		会谈服务礼仪知识		
能力	专业能力	掌握着装规范：整洁、挺括、统一得体		
		安排会谈座位：宾主相对，客人面向门，主谈人居中		
		运用会谈服务礼仪：拉椅让座、上茶续水，服务周到		
	通用能力	主动服务能力		
		解决问题能力		
		语言表达能力		
态度		真心诚意，热情主动，有问必答，有求必应		
教师、同学建议：			评价汇总： A. 优秀 B. 良好 C. 基本掌握	
努力方向：				

第十八专题
商务洽谈服务礼仪

商务洽谈是指在商务交往中，存在某种关系的有关各方，为了保持接触、建立联系、进行合作、达成交易、拟订协议、签署合同、要求索赔，或是为了处理争端、消除分歧，而坐在一起进行的面对面的接洽与协商。因洽谈而进行的有关各方的会晤，既要讲谋略，又要讲礼仪，二者互为支撑，不可分割，共同决定着洽谈的成功。

基础知识

▲ 签字仪式场地布置

一般，举行签字仪式时，座次排列的具体方式共有 3 种基本形式（分别见图 18-1～图 18-3），它们分别适用于不同的具体情况。

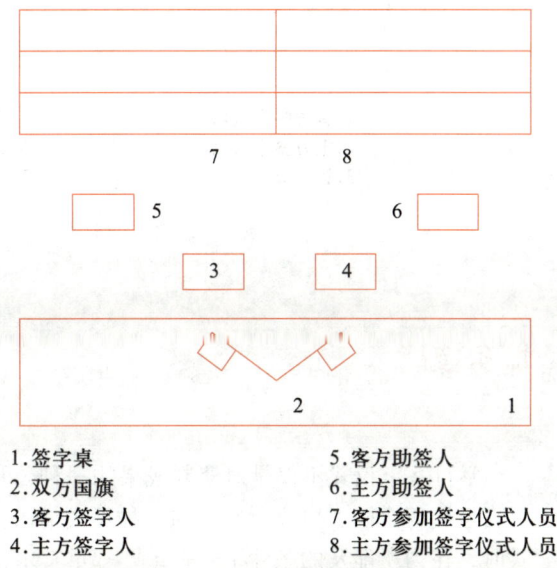

1. 签字桌
2. 双方国旗
3. 客方签字人
4. 主方签字人
5. 客方助签人
6. 主方助签人
7. 客方参加签字仪式人员
8. 主方参加签字仪式人员

图 18-1　签字仪式座次排列图（1）

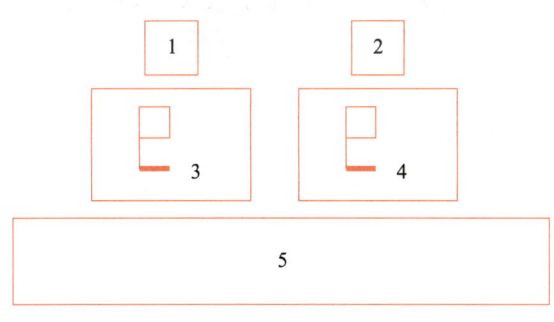

1. 客方签字人席
2. 主方签字人席
3. 客方国旗
4. 主方国旗
5. 参加签字仪式人员席位

图 18-2　签字仪式座次排列图（2）

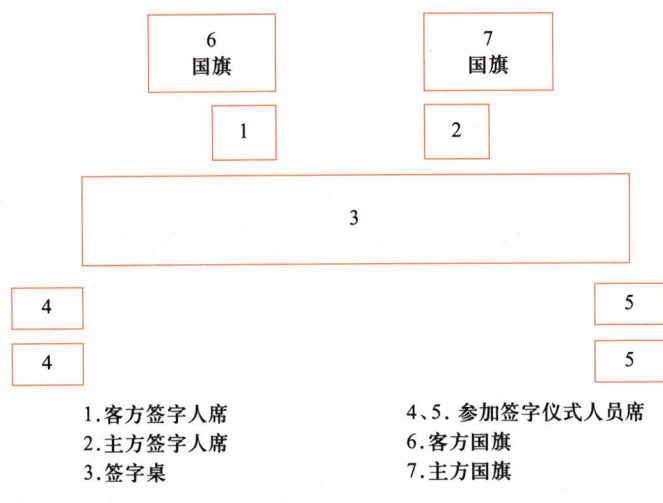

1. 客方签字人席　　4、5. 参加签字仪式人员席
2. 主方签字人席　　6. 客方国旗
3. 签字桌　　　　　7. 主方国旗

图 18-3　签字仪式座次排列图（3）

服务技能

举行签字仪式不仅是对谈判成果的一种公开化、固定化，也是有关各方对自己履行合同、协议所作出的一种正式承诺。从礼仪上来讲，举行签字仪式时，在力所能及的条件下，一定要郑重其事，认认真真。其中最为引人注目的，当属举行签字仪式时的礼仪程序和座次排列方式问题。

签字服务礼仪要求服务员懂得所突出礼仪的作用，做到既注重礼仪外在形象，又注重礼仪内涵。礼仪操作要点和礼仪作用如表 18-1 所示。

表 18-1　签字服务礼仪

内容	操作要点	作用
签字仪式座位安排礼仪	（1）并列式排座 签字桌在室内面向门横放，签字的全体人员在桌之后并排排列，主签人员居中面门而坐，客方居右，主方居左 （2）相对式排座 与并列式排座基本相同，将双边参加签字仪式的随员席移至签字人的对面 （3）主席式排座 适用于多边签字仪式。签字桌在室内横放，签字席只设一个，设在桌后面对正门，不固定就座者。举行仪式时，所有各方人员，皆应背对正门、面向签字席就座。签字时，各方签字人应以规定的先后顺序依次走上签字席就座签字，然后退回原处就座	签字仪式很短，却是接待活动的成果和高潮，要认真筹备，确保圆满。在实际运作中，不同地区会有具体不同的做法，因此要因地制宜，不要生搬硬套

视频：签字仪式座位安排礼仪

续表

视频：签字仪式服务礼仪

内容	操作要点	作用
签字仪式服务礼仪	（1）宣布开始 　　有关各方人员应先后步入签字厅，在各自既定的位置上正式就位。服务员主动上前，为签字员拉椅让座 （2）签署文件 　　助签人员指明签字处。两位服务员分别站在签字桌两头较远处等候，准备签字后撤走椅子 （3）交换文本 　　各方签字人热烈握手，互致祝贺，后台服务员速将香槟酒启开，倒入杯内，用托盘端入签字大厅，分别站在签字台两侧准备上酒 （4）饮酒庆贺 　　各方人员在交换文本后，由服务员送上香槟酒，从桌后站立的签字人员中间开始，依次分让。大家举杯庆贺后，服务员迅速用托盘接收酒杯，并照顾签字代表退席	在商务交往中，"签约"标志着各方在互惠互利的基础上，对某个商务合作达成了一致见解，使各方在业务进展及相互关系上取得了实质性的成果。因此，签约仪式极受商界重视，签字礼仪也格外严格、规范，不允许出现一点差错

综合训练

⚠ 签字仪式场地布置训练

- 礼仪角色

　　学生扮演服务员进行签字仪式场地布置训练。

- 礼仪要求
- 准备一间空教室和若干课桌和课椅。
- 双方签字人员的座位主左客右。
- 按 3 种方法摆放。

⚠ 签字仪式服务礼仪训练

- 礼仪角色

　　学生扮演服务员进行签字仪式服务礼仪训练。

- 礼仪要求
- 在签字桌上覆盖深绿色台呢，桌后放两把椅子。
- 准备好旗架、双方国旗、文件夹、签字笔、席位卡、鲜花、话筒、会标、摄像机、香槟酒等必备物品。
- 签字人员入座，服务员主动上前，拉椅让座。其他人分主客按身份高低排列于主签人之后。助签人分立于主签人外侧，协助翻文本，指明签字处。服务员站在桌旁等候，准备签字后撤走椅子。

- 签字后，双方主签人交换文本，相互握手。服务员送上香槟酒，大家举杯庆贺后，服务员迅速用托盘接收酒杯，并照顾签字代表退席。

拓展阅读　签字仪式

签字仪式是组织与对方经过会谈、协商，形成了某项协议或协定，再互换正式文本的仪式。它是一种比较隆重的活动，礼仪规范也比较严格。签字仪式是组织具有里程碑意义的大事，组织应予以充分准备，做到万无一失。

1. 签字仪式的准备

（1）文本准备。洽谈或谈判结束后，双方应指定专人按谈判达成的协议做好待签文本的定稿、翻译、校对、印刷、装订、盖印等工作。文本一旦签字就具有法律效力，因此，对文本的准备应当郑重、严肃。

审核文本时，必须对照原稿件，做到每字不漏，对审核中发现的问题要及时互相通报，通过再谈判，达到谅解一致，并相应调整签约时间。在协议或合同上签字的有几个单位，就要为签字仪式提供几份样本。如有必要，还应为各方提供一份副本。与外商签订协议、合同时，按照国际惯例，待签文本应同时使用宾主双方的通用语言。

（2）布置签字场地。签字场地有常设专用的，也有临时以会客厅、会客室来代替的，布置的总原则是庄重、整洁、清静。

一间标准的签字厅应当铺满地毯，除了必要的签字用桌椅外，其他一切陈设都不需要。正规的签字应为长桌。按照仪式礼仪的规范，签字桌应当横放，在其后可摆放适量的座椅。签署双边性合同时，可放置两张座椅，供签字人就座。签署多边性合同时，可以仅放一张座椅，供各方签字人签字时轮流就座，也可为每位签字人各自提供一张座椅。

在签字桌上，应事先安放好待签文本，以及签字笔、吸墨器等签字时所用的文具，与外商签署涉外商务合同时，须在签字桌上插放有关各方的国旗。插放国旗时，在其位置与顺序上，必须依照礼宾序列而行。例如，签署双边性文本时，有关各方的国旗须插放在该方签字人座椅的正前方。签署多边性合同、协议等时，各方的国旗应依一定的礼宾顺序插在各方签字人的身后。

（3）安排签字人员。在举行签字仪式之前，客方尤其要将自己一方出席签字仪式的人数提前告知主方，以便主方安排。签字人要视文件的性质来确定，可由最高负责人签，但双方签字人的身份应该对等。参加签字的有关各方事先还要安排一名熟悉签字仪式详细程序的助签人，并商量好签字的有关细节。其他出席签字仪式的陪同人员，基本上是双方参加谈判的全体人员，按一般礼貌做法，人数最好大体相等。为了表示重视，双方也可对等邀请更高一层的领导人出席签字仪式。

2. 签字仪式的程序

虽然签字仪式的时间不长，但它是合同、协议签署的高潮，其程序规范、庄重而热烈。

（1）签字仪式开始。有关各方人员进入签字厅，在既定的位次上坐好。签字者按照主居左、客居右的位置入座，对方其他陪同人员以主、客两方各自职位、身份高低为序，自左向右（客方）或自右向左（主方）排列站于各签字人之后，或坐在己方签字者的对面。双方助签人分别站在己方签字者的外侧，协助翻揭文本，指明签字处。

（2）签字人签署文本。签字人签署文本通常的做法是先签署己方保存的合同文本，再签署他方保存的合同文本，此做法在礼仪上称为"轮换制"。它的含义是在位次排列上，轮流使有关各方有机会居于首位一次，以显示机会均等，各方平等。

（3）交换合同文本。双方签字人正式交换已经由有关各方正式签署的文本。交换后，各方签字人应热烈握手，互致祝贺，并相互交换各自方刚使用过的签字笔，以志纪念。这时全场人员应该鼓掌，表示祝贺。

（4）共同举杯庆贺。交换已签订的合同文本后，礼宾小姐会用托盘端上香槟酒，有关人员，尤其是签字人当场干杯，这是国际上通用的做法，旨在增添喜庆色彩。

案例　签字仪式上的真诚

鼎盛公司是一家传统制造业企业，近年来面临市场转型的压力。新星公司是一家新兴的科技企业，专注于智能制造技术。经过数月的谈判，鼎盛公司决定与新星公司达成战略合作，共同开发新一代智能生产线。签字仪式前半小时，鼎盛公司的王总接到一个匿名电话，对方声称新星公司的后台跟踪技术存在漏洞，合作有可能导致鼎盛公司蒙受部分损失。王总心中疑虑重重，但取消活动已经来不及了。活动开始后，王总走上台，微笑着说道："各位嘉宾、朋友们，大家上午好！今天是一个重要的日子，鼎盛公司与新星公司将携手开启智能制造合作的新篇章。我们相信，这次合作将为双方带来巨大的机遇，当然，任何合作都伴随着风险和挑战。我们期待与新星公司共同面对这些挑战，确保合作的顺利推进。"

听到王总的发言，新星公司李总犹豫了一下，但很快做出了决定。他转向王总，坦诚地说道："王总，有件事我需要向您说明……"王总听完后，沉默片刻，随后露出了赞许的笑容："李总，感谢您的坦诚。技术问题是难免的，但只要我们共同努力，一定能够解决。"李总感慨地说道："王总，您的理解与支持让我深感敬佩。这次合作不仅是商业上的联手，更是我们彼此信任的开始。"王总笑着回应:"合作的意义在于共同成长。我相信,我们的合作一定会走得更远。"

> 评析

签字仪式圆满结束,媒体纷纷报道了这一合作消息。尽管过程中出现了意外,但双方通过坦诚沟通和相互信任,不仅化解了危机,还进一步加深了合作关系。这次签字仪式不仅是一次商业合作的开始,更是双方携手共进的见证。

考核指南

> 小组练习

将班里的学生分成小组,各小组选一位组长带领组员,完成签字仪式服务礼仪操作。

> 小组评价

签字仪式座位安排礼仪。

> 综合实训评价

综合评价包括小组之间的互评和教师对各小组工作的系统评价,用于确定个人能力水平和努力方向。如表18-2所示。

表18-2 签字仪式服务礼仪学习评价表

学习目标		内容	评价	
		评价项目	小组评价	教师评价
知识	应知应会	服饰、化妆基本知识		
		站姿、微笑、目光礼仪的基本知识		
能力	专业能力	掌握正确的站姿:站姿优美、挺拔		
		签字仪式场地布置技巧:布局合理、整齐		
	通用能力	服务主动性能力		
		解决问题能力		
		语言表达能力		
		思维能力		
态度	真心诚意,热情主动,有问必答,有求必应			
教师、同学建议:			评价汇总: A. 优秀 B. 良好 C. 基本掌握	
努力方向:				

第十九专题
大型会议服务礼仪

将特定范围的人员召集在一起,对某些专门问题进行研究、讨论,有时还需作出决定。这种社会活动的形式,就是大型会议。在处理日常性行政事务时,各级政府部门往往召开各种会议。

基础知识

大型会议的排座原则

大型会议一般是指与会者众多、规模较大的会议。会场设主席台和群众席，主席台必须排座，群众席可排可不排。

▲ 主席台排座。

大型会议主席台，一般应面对会场主入口，与群众席面对面，每一个成员面前的桌上，均应摆放双向桌签。

- 主席团排座：前排高于后排，中央高于两侧，左侧高于右侧。
- 主持人座席：一是居于前排正中央；二是居于前排的两侧；三是按其具体身份排座，但应就座于前排。
- 发言人座席：一是主席团正前方；二是主席台的右前方。

▲ 群众席排座。

主席台之下的座席称为群众席。

- 自由式择座：即不进行统一安排，大家自由择席而定。
- 按单位就座：即按照单位、部门或者地区、行业就座。具体可依参加单位的汉字笔画、汉语拼音顺序，也可按平时约定俗成的序列。在同一楼层排座，通行的方式有两种：一是以面对主席台为基准，自前而后进行横排；二是以面对主席台为基准，自左而右进行竖排。楼层不同时，楼层越高、排序越低。

会议合影位置排列

会议合影位置排列如图 19-1 所示。

```
                    第三排
                    第二排
（主方人员把边） 9 7 5 3 主宾 主人 2 4 6 8 10 （主方人员把边）
```

图 19-1　合影的位置排列

交谈礼仪

▲ 仔细聆听，可以准确地明白客人的意思，了解客人的心情，从而提供更加优质的服务。

▲ 在交谈过程中，保持眼神接触，有助于沟通，使客人感觉到你是诚心想帮助他。

▲ 通过各种方式知道客人的姓名后，可加上客人的姓氏称呼，使他感觉到自己受到关注。

- 谨慎谈及客人的各种信息，未经客人允许，绝对不允许透露，因为这可能给客人带来麻烦，甚至会导致客人的损失。
- 询问是否还需要其他帮助，能够使客人感觉你很乐意为其服务。
- 当客人提出无法满足的要求时，不要直接拒绝，应尽可能地提供帮助。

服务技能

会议服务是很多酒店都需要有的一项工作，特别是对外接触频繁的酒店。这就需要训练一支态度端正、服务热情的会议服务队伍。不论是召集、组织会议，还是参加会议、为会议服务，服务员都必须遵守一些基本守则、规矩。会议礼仪包括事先了解、会前准备、会议签到、例行服务、会中服务、会后整理等内容。

大型会议服务礼仪要求服务员懂得所突出礼仪的作用，做到既注重礼仪外在形象，又注重礼仪内涵。礼仪操作要点和礼仪作用如表19-1所示。

视频：大型会议服务礼仪

表 19-1　大型会议服务礼仪

内容	操作要点	作用
大型会议服务礼仪	（1）事先了解 了解会议规模、参加人数、时间、议程。根据会议性质不同，准备会议用品 （2）会前工作 做好卫生清洁、会场布置材料的准备、空间估计、座椅摆放、茶水准备 （3）会议用品 注意准备签到台、桌椅、讲台、地毯、花卉、国旗、会标、横幅标语、纸张、本册、笔、文件夹、姓名卡以及饮料等 （4）会议签到 为了掌握到会人数，严肃会议纪律，大型会议或重要会议通常要求与会者在入场时签名报到。签到方式有签名报到、交券报到和刷卡报到。工作人员应及时向会议负责人进行通报 （5）例行服务 会议举行期间，安排专人在会场内外负责迎送、引导、陪同。对与会者的正当要求应有求必应 （6）会中服务 及时进行迎宾服务与引领工作，掌握好端茶、斟茶的时机与方位顺序，上毛巾，整理桌面用品，协助引领会议合影 （7）会后整理 照顾宾客退席，站在门口与客人告别，做好收尾工作	会议服务礼仪是保证会议顺利召开并圆满结束的前提和基础。会议要想达到预期效果，必须精心准备、悉心服务，做到"丝丝入扣，万无一失"

续表

内容	操作要点	作用
国旗悬挂礼仪	（1）悬挂双方国旗，以国旗正面方向为准，以右为上，以左为下 （2）两国国旗并挂，以国旗正面方向为准，客方国旗在右，本国国旗在左 （3）不能使用破损或污损的国旗	国旗是一个国家主权和尊严的象征，悬挂双方国旗一定要仔细认真，一丝不苟，不辱使命

视频：国旗悬挂礼仪

综合训练

△ **大型会议倒水续水礼仪训练**

▲ 礼仪角色

学生扮演服务员进行倒水续水礼仪训练。

▲ 礼仪要求

- 倒水方法：由于出席人数较多，入场较集中，一般不采用高杯端茶的方法，而是提前将放有茶叶的高杯摆在桌上，在活动开始前，由服务员用暖瓶直接在桌前往杯中倒水。采用这种方法上水的优点是快捷、便利，但要注意防止出现漏倒空杯的情况。服务员倒过水后，要逐杯加以检查——可用手触摸一下杯子外壁，如果是热的，表明已倒过水；如果是凉的，说明漏倒水了，要及时补倒。
- 续水时间：一般在会议进行 30~40 min 后进行。如果往小茶杯中续茶水，应将一把茶壶里的茶，过滤倒入另一把茶壶，然后再续水。续水时壶口要对准杯口，不要把壶口提得过高，以免溅出杯外。如不小心把水洒在桌上或茶几上，要及时用小毛巾擦去。不能直接在桌上或茶几上往杯中倒水、续水，这是不符合操作规范的。
- 杯盖翻放：在往高杯倒水、续水时，如果不便或没有把握一并将杯子和杯盖拿在左手上，可把杯盖翻放在桌上或茶几上，只是端起高杯来倒水。服务员在倒、续完水后要把杯盖盖上。切不可把杯盖扣放在桌面或茶几上，既不卫生，也不礼貌。如发现宾客将杯子放在桌面或茶几上，服务员要立即更换，用托盘托上，将杯盖盖好。
- 倒水方向：倒水、续水都应注意按礼宾顺序和顺时针方向为宾客服务。

△ **国旗悬挂礼仪训练**

▲ 礼仪角色：学生扮演服务员进行会议场地国旗布置训练。

▲ 礼仪要求：

- 准备至少 4 面小红旗。
- 国旗不能倒挂。
- 国旗不能竖挂和反挂。
- 把国旗正面面向门口，以旗套右边为准。
- 两面国旗挂在墙上，应用并列挂法。

拓展阅读　开业庆典的准备

开业仪式是指在单位创建、开业，或项目完工、落成，或某一建筑物正式启用，或某工程正式开始之际，为了表示庆贺和纪念，按照一定的程序隆重举行的专门仪式。筹备和举行开业仪式始终应按照热烈、隆重、节约、缜密的原则进行。

（1）做好舆论宣传。举办开业仪式的主要目的是提高组织的知名度和美誉度，塑造良好的组织形象，吸引社会各界对组织的重视与关心，因此必须运用传播媒介，广泛刊登广告，以引起公众注意。这种广告的内容一般应包括开业仪式举行的日期和地点、企业的经营特色、开业时对顾客的优惠等。

（2）拟订宾客名单。开业仪式成功与否，在很大程度上与参加典礼的主要宾客的身份、人数有直接关系。因此，在开业典礼前，应邀请上级领导、知名人士、有关职能部门负责人、社区负责人、社团代表及新闻媒介等方面的人士参加。对邀请出席的来宾，应将请柬送达，以示对客人的敬重。请柬要精美大方，一般用红、白、蓝色，填写好的请柬应放入信封内，提前一周左右的时间邮寄或派人送达有关单位和个人。

（3）布置现场环境。举行仪式的现场可以是正门之外的广场，也可以是正门之内的大厅，在现场应悬挂开业仪式的会标，庆祝或欢迎辞等。由于开业仪式一般是站立举行的，所以要在来宾站立处铺设红色地毯，以示尊敬和庄重。会场两边可放置来宾赠送的花篮，四周悬挂彩带和宫灯，还要准备好音响、照明设备，使整个场地显得隆重、热烈。对于音响、照明设备以及开业仪式举行时所需的其他用具、设备，必须事先认真检查、调试以防其在使用时出现差错。

（4）安排接待服务。对来宾的接待服务工作一定要指派专人负责，重要来宾的接待应由组织负责人亲自完成。要安排专门的接待室，接待室要求茶杯洁净，茶几上放置烟灰缸。如不允许吸烟，应用礼貌标语、标牌放置在接待室中，提示来宾。要准备好来宾的签到处，准备贵宾留言簿，最好是红色或金色锦缎面高级留言册，同时准备好毛笔、砚、墨等留言用的文具。为了便于来宾了解组织的情况，可以印刷一些材料，如庆典活动的内容、意义，来宾名单和致辞，组织经营项目和政策等。

（5）拟订仪式程序。为了使开业仪式顺利进行，在筹备之时必须草拟具体程序，并选定好称职的主持人。开业仪式的程序包括确定主持人，介绍重要来宾，组织负责人或重要来宾致辞、剪彩或参观、座谈、联欢等。

（6）准备馈赠礼品。开业仪式上向来宾赠送的礼品是一种宣传性传播媒介，只要准备得当，往往能产生很好的效果。礼品要突出纪念性，具有一定的纪念意义，让人珍惜；同时要突出宣传性，可以在礼品的包装上印上组织标志、庆典开业日期、产品图案、企业口号和服务承诺等。

案例　槟城海啸后的公关活动

　　夜幕下的槟城依然灯火通明，稍有人气的地方就是路边食街。负责接送的司机兼导游杰瑞介绍，受海啸影响，来槟城度假的游客明显减少，与往日的热闹景象不可同日而语。当经过一处海边时，杰瑞指着黑暗中的远处说，当时海啸引发的巨浪越过海滩，直冲到百米远的马路这头，在海边的酒店附近就有21人罹难。当了5年导游的他感慨道：这是继非典后对当地旅游业的又一个打击。

　　"海啸不会冲毁我们的旅游业！"给记者印象最深的，是当地旅游业界的奋起自救。记者下榻的酒店，已早早为每一位入住的客人备好一叠专门关于海啸事件的详细资料，犹如一份安民告示。台灯下、书桌边，还不忘留下一份温情十足的捐款赈灾呼吁书。

　　而政府的动作就更有力度。在此次海啸中，马来西亚受灾程度较轻，因而较早结束救灾工作，并立即启动危机公关方案，邀请外国记者实地采访，希望传递一个信息，即海啸已经过去，来马来西亚旅游是安全的。

评析

　　上述案例告诉我们，公共关系协调对一个国家或企业来说是至关重要的。一个以旅游业作为重要产业的国家如果能灵活地协调与公众的关系，那么，就可以做到将灾害的损失降到最低。马来西亚政府此次积极的挽救措施为旅游业的重振提供了极大的帮助。

考核指南

小组练习
完成大型会议服务礼仪操作。

小组评价
大型会议排座礼仪。

综合实训评价
综合评价包括小组之间的互评和教师对各小组工作的系统评价，用于确定个人能力水平和努力方向。如表19-2所示。

表 19-2 大型会议服务礼仪学习评价表

内容			评价	
学习目标		评价项目	小组评价	教师评价
知识	应知应会	大型会议服务礼仪		
		国旗悬挂礼仪		
能力	专业能力	掌握国旗悬挂方法：按国际惯例，正确悬挂		
		大型会议排座礼仪：以门为主，正确区分主、客方		
	通用能力	服务主动性能力		
		解决问题能力		
		语言表达能力		
态度	真心诚意，热情主动，有问必答，有求必应			
教师、同学建议：			评价汇总： A. 优秀 B. 良好 C. 基本掌握	
努力方向：				

第七模块
康乐酒水服务礼仪

　　康乐部是为宾客提供健身、娱乐、美发、美容等服务的部门。其特点是服务项目多，设施设备多，岗位分工细，人员相对分散，独立操作性强。这是客人休闲放松的场所，因此，在服务当中要遵循相应的服务礼仪，全面提供高标准的服务。

学习目标
·**知识目标**
1. 了解健身中心服务礼仪的具体要求。
2. 掌握酒吧服务礼仪、茶吧服务礼仪、咖啡服务礼仪的要点。

·**能力目标**
具备为客人提供规范和高质量的礼仪服务能力。

·**素养目标**
1. 培养诚信、公平经营和热情服务的优良品质。
2. 树立宣传中华优秀茶艺传统文化观念的职业素养，培养大国工匠精神和民族文化自豪感。

第二十专题
健身中心服务礼仪

为了满足客人正当的娱乐、消遣需求，使生活更加丰富多彩、轻松愉快，现代化酒店多建有游泳池、健身房、保龄球、桑拿洗浴等场所。健身中心礼仪规范主要从工作人员的仪容仪表开始，提升健身中心服务人员的整体形象，使得服务水平上个台阶，从而吸引更多的客人光临。

基础知识

微笑的运用

- 基本方法。
  先要放松自己的面部肌肉,然后使自己的嘴角微微向上翘起,让嘴唇略呈弧形。最后,在不牵动鼻子、不发出笑声、不露出牙龈的前提下,微微一笑。
- 调整心态。
  观察自己笑的表现形式,注意进行心理调整,想象对方是自己的亲人、朋友。
- 整体配合。
  微笑除了注意口形外,还必须注意面部其他部位的相互配合。一个人在微笑时,通常目光柔和发亮,双眼略微睁大,眉头自然舒展,眉毛微微向上扬起,即眉开眼笑。避免耸动鼻子、耳朵,微收下巴。
- 表里如一。
  提起微笑,人们常用"面带微笑"这个词,实际上它并非只挂在脸上,还需要发自内心,做到表里如一。
- 兼顾服务对象。
  服务对象满面哀愁、有某种生理缺陷、出了洋相感到尴尬时,服务员不许微笑。

饮料服务礼仪

- 品种。
  安排饮料品种时,讲究照顾客人口味与备有选择两点。在做准备时,应该大致了解客人的口味。为了有备无患,还应该多准备一些品种。常规的做法强调一冷一热,一瓶一杯,即一瓶矿泉水,冷的;一杯茶,热的。
- 器皿。
  饮料器皿的选择注意三点:卫生;适用,即方便对方使用;整洁,不能选择破损、残缺的器皿。
- 征询方式。
  征询的标准方式为封闭式问题,即给出所有选择,让客人从中挑选。例如:"王经理,您喝茶还是咖啡?"说明只有这两种饮料可以选择,客人就不会选择其他饮料,可以避免尴尬。开放式问题给客人无限选择,很难把握。例如:"您喝点什么?"客人可以凭自己的喜好回答,也许是没有准备的,或者是昂贵的饮料,所以不太合适。
- 顺序。
  上饮料的规范顺序是先宾后主,先女后男,先为身份高的人上饮料,后为身份低的人上饮料。

▲ 送客礼仪

常言道:"出迎三步,身送七步。"可见,中国人是非常注重送客礼节的。送客比接待更重要,它可留给对方美好的回忆。许多服务人员接待工作做得很好,却没有良好的结尾,这是很可惜的。在送客时应注意以下几方面。

- 起立相送。

客人打算离去时,服务人员要起身送出,但一定要待客人起身后,自己再站起来,否则会有撵客之嫌。要帮忙留意是否有物品遗漏,这是一种体贴客人的行为,还能减轻保管客人物品的麻烦及责任,对双方都有好处。

- 握手告别。

将客人送至门外,并与对方握手话别。由客人先伸手。

- "下次再来"。

客人离开前应询问他是否熟悉回程路线,及搭乘交通工具的地点和方向,尤其对远道而来的访客更应表达关心之情。向客人道别说"请走好""再见""请下次再来"等。

- 目送离去。

一般将客人送到门外,若送到电梯口,应为客人叫电梯,陪客人等候,握手告别后目送客人下楼或乘电梯离去。贵宾则一定要送至小轿车旁,看着客人坐好,车子开出100多米后才可回去,将接待结果填写在记录簿上。

▲ 服务礼仪的"3A"原则

根据服务礼仪的要求,服务人员欲向服务对象表达自己的尊敬之意,必须善于抓住3个重点环节,即接受对方、重视对方、赞美对方。在英文里,"接受""重视""赞美"3个词都以字母"A"打头,故称为"3A"原则。

- 接受服务对象。

接受服务对象主要体现为服务人员对于消费对象热情相迎,来者不拒。不应该怠慢、冷落、排斥、挑剔、为难服务对象,应当积极、热情、主动地接近对方,淡化彼此之间的戒备、抵触和对立情绪,恰到好处地向对方表示亲近、友好之意。

接受服务对象应当体现在实际行动上。例如,提供服务时,切勿上上下下、反复地打量对方,或者斜着、翻着眼睛注视对方。这是不礼貌、不尊重的表现。

即使自己的见解与客人相反,也要尽可能地采用委婉的语气表达,不宜与对方针锋相对。绝不要用"你们这种人""你知道吗""你见过吗""谁说的,我怎么不知道""真的吗""有这么一回事吗""骗谁呀"这一类怀疑、排斥他人的话语跟服务对象讲话。更不要任意指出对方的不足之处,特别是对方生理上、衣着上的某些缺陷。

- 重视服务对象。

    重视服务对象主要表现为认真对待服务对象，主动关心服务对象。通过服务，使对方真切地体验到自己备受服务人员关注、尊重，在服务人员眼中自己是非常重要的。要真正做到重视服务对象，首先应当做到目中有人，召之即来，有求必应，有问必答，想对方之所想，急对方之所急，认真满足对方的要求，努力为其提供良好的服务。

    重视服务对象的具体方法：牢记服务对象的姓名，善用服务对象的尊称，倾听服务对象的要求。

- 赞美服务对象。

    赞美服务对象，实质上就是服务人员对服务对象的接受与重视，也是对服务对象肯定的表现。所有人都希望得到别人的欣赏与肯定，而且多多益善。获得他人的赞美，就是对自己最大的欣赏与肯定。

    要善于发现对方之所长，及时、恰到好处地对其表示欣赏、肯定、称赞与钦佩。这种做法的最大好处是可以争取服务对象的合作，使服务人员与服务对象在整个服务过程中和睦而友善地相处。赞美服务对象的原则：适可而止，实事求是，恰如其分。

解答客人问题时的礼仪

- 应起立，和客人保持一步半距离。

    解答客人问题时应起立，和客人的距离要适中，宜保持一步半的距离，不要太近或太远，以免客人听不见或者觉得冷淡。

- 神态自然，精神集中。

    应答时，要谈吐大方、举止得体，使别人不觉得别扭，自己也坦然，不要拘谨畏缩，话未出口，就脸红耳赤，要神色从容，落落大方，既庄重又自如。语气要温和，同时对客人要有耐心，双目注视对方，集中精神倾听对方讲话，以示尊重。切忌东张西望，心不在焉，也不要总是看手表或者伸懒腰、打哈欠等。

- 不要有太多手势。

    手势对谈话内容有辅助作用，但说话时不要有太多手势。特别是与外国人谈话时，更应注意，不可乱用，因为不了解别人的风俗习惯与忌讳，容易产生误会，甚至酿成大错。

- 回答问题要明确，不含糊。

    听不清时说："对不起，我没听清楚，请您再说一遍好吗？"不要乱回答，不该说的话不要说。做到言而有信，不懂、不知道的事不要装懂，做不到的事不要去承诺。遇到有争议的事情或者发生矛盾的时候，该表态的表态，该说的话照说，但是，语言要慎重，要留有余地，要使用礼貌语言，不能恶语伤人，损害他人人格。应答客人，不过多纠缠，不高声辩论，避免争吵。

倾听的礼仪

▲ 提出问题。

这是鼓励对方把话继续说下去的方法之一，表明你在仔细倾听，如"还有其他问题吗？""您觉得怎么样？"

▲ 多给对方肯定回答。

用"是的""我理解""我同意"等来表示对对方的赞成。称赞对方或明确肯定对方的意见，表明双方有共同语言。尽量避免使用否定或评论式的回答，如"我可不这么想""我不同意""我认为不该这样"等。

▲ 不要轻易打断别人的发言。

交谈时要让别人把话讲完。不要随意插话、打断别人的话，即使不合乎你意，也应该耐心听完，以示尊重对方。如有插话，应用商量、请求的口吻先说明。

服务礼仪的零度干扰

零度干扰，亦称"零干扰"，是服务礼仪的一种重要的支柱理论。它的基本主张是：服务行业与服务人员在向服务对象提供具体服务的一系列过程之中，必须主动采取行之有效的措施，将对方所受到的一切有形或无形的干扰，积极减少到所能达到的极限，也就是要力争达到干扰为零的程度，其主旨是要求服务人员在服务过程中，为服务对象创造一个宽松、舒畅、安全、自由、随意的环境。

人际距离

人际距离一般是指人与人在正常交往过程中，彼此在空间上所形成的间隔，即交往对象之间彼此相距的远近。在不同的场合和情况下，人际距离通常有不同的要求。心理学实验表明，人际距离过大，容易产生疏远感；人际距离过小，又会感到压抑、不适或者被冒犯。

总之，人际距离过大或过小，都有碍于正常的人际交往。服务人员在工作岗位上需要与服务对象之间保持的人际距离，大致可分为下列 6 种。

▲ 服务距离。

服务距离是服务人员与服务对象之间保持的一种最常规的距离。它主要适用于服务人员应服务对象的请求，为对方直接提供服务时。一般情况下，服务距离以 0.5～1.5 m 为宜，可视具体情况而定。

▲ 展示距离。

展示距离是服务距离的一种较为特殊的情况，即服务人员需要在服务对象面前进行操作示范，以使后者对于服务项目有更直观、更充分、更细致的了解。既要使服务对象看清操作示范，又要防止对方对自己有妨碍，或者遭误伤，因此，展示距离在 1～3 m 为宜。

▲ 引导距离。

引导距离一般是指服务人员在为服务对象带路时彼此之间的距离。根据惯例，在引导服务对象时，服务人员行进在服务对象左前方 1～1.5 m 最为适当。

▲ 待命距离。

待命距离是指服务人员在服务对象尚未要求提供服务时，必须与对方自觉保持的距离，正常情况下是在 3 m 之外。只要服务对象可以看到自己即可。目的是不影响后者对于服务项目的浏览、斟酌或选择。

▲ 信任距离。

信任距离是指服务员为了表示自己对服务对象的信任，同时为了使对方对服务的浏览、斟酌、选择或体验更为专心致志而采用的一种距离，即离开对方，从对方的视线中消失。采取此种距离时，必须力戒两点：一是不要躲在附近，似乎在暗中监视；二是不要去而不返，令服务对象在需要服务时找不到人。

▲ 禁忌距离。

禁忌距离是指服务人员在工作岗位上与服务对象之间避免出现的距离。其特点是双方身体相距过近，甚至有可能直接发生接触，即小于 0.5 m。这种距离多见于关系极为亲密者之间。若无特殊理由，服务人员不要主动采用。

服务技能

游泳池要有幽雅的环境、现代化的设备、清洁的水质、严格的管理制度、有效的安全措施和优质的服务，因此，服务员要经过严格的训练，为客人提供更衣室、淋浴室、卫生间、饮料、小食品等。有专门的服务员为客人讲授各种游泳技术、讲解规则以及示范。在池边巡视，如遇紧急情况，立即下水救助。健身房除了满足客人休闲健身的需要之外，还为客人提供更衣和卫生设备、各种饮料和小食品，有的还设有健身用品商店。对于不熟悉健身器械的客人，服务员要为其示范和指导。保龄球馆更注重休闲娱乐，它不仅为客人提供一系列包括场地、技术指导在内的服务，还为客人提供相应的酒水和饮料服务。

健身中心服务礼仪要求服务员突出迎接礼仪、针对性服务礼仪、饮料服务礼仪、送客服务礼仪等内容，并懂得所突出礼仪的作用，做到既注重礼仪外在形象，又注重礼仪内涵。礼仪操作要点和礼仪作用如表 20-1 所示。

表20-1 健身中心服务礼仪

内容	操作要点	作用
迎接礼仪	（1）微笑问候礼仪 服务员要仪容整洁，精神饱满，待客热情、大方、有礼。对客人微笑、鞠躬并致问候语："您好！欢迎光临。"询问客人是否有预订 （2）引领服务礼仪 在客人左前方两三步远的地方将客人引领至更衣室。询问打保龄球客人脚的尺寸，并把合适的鞋交给客人 （3）介绍服务礼仪 向客人介绍更衣柜内的浴巾、拖鞋等服务用品。客人更衣完后，提示客人将钥匙套在手腕上。当客人不确定自己适合哪一种健身器材时，服务人员要帮助其选择适合的运动，同时为打保龄球的客人开机器	客人到来时，服务人员要立刻迎上前，亲切问候、规范引领，做好专业的讲解，提出合理的建议，使客人在愉快的心情下享受服务，给客人留下良好的第一印象，带来好心情
针对性服务礼仪	（1）游泳池服务礼仪 对年老体弱的来宾要主动照顾；对于儿童，应提醒家长注意深水区域；要劝阻饮酒过多的客人下水 （2）健身示范指导礼仪 客人要健身并要求辅导时，服务员要示范操作方法。带客人做健身操时，要口令清晰，姿势正确，并根据客人体质状况，因材施教，做不同的指导。如客人误场，可提供健身操DVD使用 （3）保龄球服务礼仪 根据客人的实际情况选择适当重量的保龄球。先分配好跑道，然后在计分台上为客人设定人数和局数，开始自动计分。对于初次打保龄球的客人，介绍活动的步骤和方法，避免在活动中发生意外	泳池劝阻礼仪体现了服务员对客人的关心、细心以及高度的责任心。在客人健身时起到一个教练的作用，体现了健身房服务员的业务水平，也展现了周到的服务
饮料服务礼仪	（1）巡视礼仪 服务员应经常在池边走动，以便对客人的需要及时作出反应 （2）饮料介绍礼仪 主动向池边休息的客人介绍饮料。询问酒水时，问清客人点用的饮料种类、数量及是否需要冰镇品等 （3）饮料端送礼仪 为客人端送饮料时要使用托盘，从客人右侧上饮料。手指接触杯子下半部，不要碰杯口或瓶口	客人在运动一段时间后，就会到旁边休息，这时服务员要主动为客人提供服务。这些细节都体现了服务人员的服务水准

视频：迎接礼仪

视频：针对性服务礼仪

视频：饮料服务礼仪

续表

内容	操作要点	作用
送客服务礼仪	（1）结账 客人要求结账时，服务员要先收回保龄球鞋。唱收唱付，账不出错 （2）提醒 客人要离开时，提醒客人携带好随身物品 （3）送客 送客人到门口，向客人表示谢意，欢迎客人再次光临	送客是最后一个服务环节，周到的服务会给客人留下更深的印象，为客人的再次光临做铺垫

视频：送客服务礼仪

综合训练

动画：游泳及健身接待礼仪训练

▲ 游泳池接待礼仪训练

▲ 礼仪角色

请两名学生分别扮演客人和服务员。

▲ 礼仪要求

- 客人到来时，主动打招呼，表示欢迎。
- 进行验票，准确记录客人姓名、房号（住店客人）、到达时间、更衣柜号码。
- 办理押金手续后，发给客人更衣柜钥匙及洗浴用品，方便客人游泳和泳后洗浴用。
- 对饮酒过量的客人，或患有皮肤病等传染病的客人应谢绝入内，并提醒客人若有心脏病、眼病、高血压、中耳炎等病，或过饥过饱、激烈运动后等情况，不宜下水，否则对健康不利。
- 禁止客人带入酒精饮料、玻璃瓶装饮料。
- 要求客人进入游泳池区域前必须先冲淋，并经过浸脚消毒池。
- 救生员应巡视水中情况，特别是深水区。关照初学者，提醒带小孩儿的客人照顾好孩子，不要去深水区。
- 服务员根据客人的需要提供饮料和小食品，及时提供服务。
- 客人离开时，提醒客人带好自己的东西，主动道别，欢迎下次光临。

▲ 健身房接待礼仪训练

▲ 礼仪角色

请两名学生分别扮演客人和服务员。

▲ 礼仪要求

- 客人来到健身房时，主动热情地问候，表示欢迎。
- 核对票券、房卡或会员证，做好登记。
- 发放更衣柜钥匙、毛巾等用品。

- 配合专业医师对客人进行体能测试，设计运动计划，建立健康档案。
- 在客人健身时，根据客人要求提供讲解、示范服务。

拓展阅读　关于健身的名言

1. 身体健康者常年轻。

——马尔夫特

2. 从锻炼角度看，躺着不如坐着，坐着不如站着，站着不如走着。

——卢梭

3. 走路对脑力劳动者，特别是对创造性的人来说，是一种生理活动的最好方式。

——哈拉里德

4. 健康不是一切，但没有健康就没有一切。

——吴阶平

5. 凡事有其自然，遇事处之泰然，得意之时淡然，失意之时坦然。越忙越要抽空练，练好身体常保健；决心信心加恒心，修炼身心意志坚。

——庄炎林

6. 淡泊名利，动静相济，劳逸适度。

——华佗

7. 养生之道，常欲小劳，但莫大疲，及强所不能耳。

——孙思邈

8. 活动有方，五脏自和。

——范仲淹

9. 运动是健康的源泉，也是长寿的秘诀。

——马约翰

10. 世界上没有比结实的肌肉和新鲜的皮肤更美丽的衣服。

——马雅可夫斯基

案例　贝尔太太送楼层服务员每人一块巧克力

国际大厦第14层行政楼层的服务员正在值班，只见常住1410房的贝尔太太，拿着一包东西走到服务台，对服务员说："巧克力，15块，送给你们的！"这是怎么回事？原来5月23日是贝尔太太的生日，细心的楼层服务员早为她准备好了生日礼物。他们自己动手缝制了一个心形香袋和客房部的15名员工联名的生日贺卡。贝尔太太接过心形香袋，既惊喜又激动："我真幸福，我已经几年没过生日了，没想到你们还记得，这是送给我最好的生日礼物！"为了表达她对楼层服务员的谢意，第二天就出现了本文开头感人的一幕。是啊，这份亲情，这份饱含服务员感情的礼物，对于这位常年住在异国他乡的贝尔太太是多么温馨啊！客房部的 15 位服务员送上一片爱心，留下了德国人贝尔太太的一片心意。

评析

酒店要使客人真正享受到"宾至如归"的服务，而无"羁旅之感"，除了大力推行标准化、规范化服务，还要强调情感服务。标准化好比躯壳，情感化则是灵魂。要实行情感化服务，酒店全体员工必须全身心投入，将自己的热情融入日常服务中去，由此必将大大丰富优质服务的内涵。

考核指南

小组练习

将班里的学生分成小组，各小组选一位组长带领组员，完成游泳池、健身房、保龄球服务礼仪操作。

小组评价

- 游泳池服务礼仪。
- 健身房服务礼仪。
- 保龄球服务礼仪。

综合实训评价

综合评价包括小组之间的互评和教师对各小组工作的系统评价，用于确定个人能力水平和努力方向。如表 20-2 所示。

表 20-2　健身中心服务礼仪学习评价表

内容			评价	
学习目标		评价项目	小组评价	教师评价
知识	应知应会	游泳池服务礼仪		
		微笑的运用		
		健身房服务礼仪		
		服务礼仪的"3A"原则		
		保龄球服务礼仪		
		服务礼仪的零度干扰、人际距离		

续表

内容			评价	
学习目标		评价项目	小组评价	教师评价
能力	专业能力	迎接服务能力		
		观察、介绍能力		
		游泳、健身示范指导服务能力		
		保龄球选球、开道、计分、辅导能力		
		食品服务能力		
		结账送客能力		
	通用能力	语言表达能力		
		解决问题能力		
		沟通协作能力		
		组织管理能力		
态度	亲切问候、热情有礼、有求必应			
教师、同学建议：			评价汇总： A. 优秀 B. 良好 C. 基本掌握	
努力方向：				

第二十一专题
酒水服务礼仪

酒水服务是饭店服务非常重要的一个环节。酒吧、咖啡吧和茶艺室环境幽静,格调雅致,并伴有轻松的音乐,给宾客提供了优美的休憩环境,是宾客休闲、娱乐、交际的场所。酒水服务员必须提供高标准的服务。

基础知识

酒水服务礼仪

▲ 白葡萄酒服务礼仪。

白葡萄酒饮用前必须经冰镇,温度为 7 ℃ ~ 13 ℃,过度冷却会减少酒的香味。将冰酒桶装满 1/3 桶的冰和水,然后将白葡萄酒放入冷却 15 min 后,一般可达到适宜温度。冰桶的位置放在主人的右后方,不要放在餐桌上。在主人杯中倒一点儿酒品尝,以求得认可。对冰镇过的酒,倒酒时都要用餐巾包住酒瓶,防止水滴下,亦可防止酒的温度上升。

▲ 香槟酒服务礼仪。

香槟酒饮用前先将香槟酒瓶放在冰桶内冷却半小时,冰镇香槟酒比白葡萄酒时间长,因为香槟酒瓶较厚。

开瓶时,小心、优雅地先把锡箔割开并除去。用右手将封口铁丝扭开,左手大拇指压住软木塞顶部。假如软木塞已开始上升,则用餐巾盖住软木塞,并将酒瓶倾斜成 45°,压住软木塞,让瓶内压力慢慢将木塞顶出。这一般是在未充分冷却的情况下发生。把包住瓶口的餐巾拿开,而后用左手拿住软木塞,右手抓住瓶底使软木塞慢慢逸出,不要让软木塞砰然弹出。将瓶子倾斜几分钟再除去软木塞,可以防止香槟酒喷涌。

除去软木塞后,把瓶口擦一下,然后在主人的杯中倒入一点酒,以求认可。倒酒时商标对着客人,根据情况决定是否使用餐巾裹住酒瓶。每次为客人倒酒约 3 盎司(1 盎司 =28.349 5 g)。倒完酒后,把香槟酒瓶放入冰桶保持冷却。

▲ 啤酒服务礼仪。

啤酒饮用前首先要学会辨别啤酒的品质,给客人提供优质的啤酒。质量好的啤酒应是淡黄近茶色,或者悦目的金黄色,清亮透明,无沉淀。把啤酒倒入干净的杯子里,立刻有洁白、细腻、均匀的泡沫上升,挂杯持久,时间可持续 4 ~ 5 min。用鼻子闻有酒花幽香和麦芽的芳香味。入口感觉酒味醇正,清冽爽口。而质量差的啤酒往往是酒色黄浊,黏性大,甚至有悬浮物,且泡沫粗大,消散快,不挂杯。闻起来有腥味或其他异味,入口有老熟味、酵母味或苦涩味。

另外,要留意酒瓶的标签上有无商标、产品合格证、酒名、规格、生产厂名、地址、执行标准、产品质量等级、原料成分表、保质期、生产日期等。进口啤酒有无中文标签、经销商名称、经销商地址以及上述内容,留意啤酒瓶底上方 20 cm 处有没有 "B" 字标记、瓶子生产的日期(国家规定啤酒瓶的使用年限为 2 年)。提防买到伪劣啤酒和酒瓶存在不安全因素的啤酒,以免向客人销售后造成不良影响,使酒店声誉受到损害。

倒啤酒时,服务员应将啤酒瓶口对着或紧贴着杯口的边缘,防止啤酒外溢。如果杯内泡沫太多,应稍停片刻,待泡沫消退后,再将酒杯倒满。

- 米酒服务礼仪。

    米酒由稻米酿造，酒精含量约17%，在我国比较流行。中国的黄酒便是典型的米酒。

    饮米酒可增进餐厅的喜庆气氛，还可以当作调料来增加菜肴的味道。米酒品种很多，从炒菜用的到高档宴会用的。为了品尝到米酒的神韵，最好在饮用前将酒加温，一般用热水将酒烫到37.5℃左右，略高于体温。

- 瓶装矿泉水服务礼仪。

    瓶装矿泉水是硬水，硬水中含有微量元素，对牙齿、骨头和血管有好处，而且未做过软化处理。而自来水中某些病毒、重金属和氯的衍生物危害人类健康。

    瓶装矿泉水饮用前须经过冰镇，适宜的饮用温度为4℃左右。应在桌上当着客人的面打开，倒入杯中，除客人提出要求外，不要加冰块和柠檬片。

    所有的饮料服务均需注意杯子的温度。倒冷的饮料前，杯子要预先降温，而倒热的饮料前，杯子应预先加热。这样不会因杯子的温度而引起饮料温度的变化。

- 咖啡服务礼仪。

    咖啡最早由Kaffa得名，Kaffa是埃塞俄比亚西南部的一个地方，在那里，咖啡最早被当作饮料使用。传说公元6世纪有一个阿比尼亚牧羊人卡尔迪，发现羊吃了一种果实后变得十分兴奋，并可持续一段时间，卡尔迪也尝了这种豆，自己也感到很兴奋，最后此事传开，僧侣们开始用热水浸泡这种豆子服用，就这样发现了咖啡。

    使用咖啡时，要注意不要超过有效保存期。不要将咖啡与其他气味浓烈的食物放在一起。只在需要时才将咖啡豆粉碎，咖啡一旦粉碎就会很快失去香味。使用新鲜的咖啡豆时，咖啡质量较高。为了保证咖啡的香味和质量，咖啡豆必须适当焙制。焙制时间越长，则味越浓。咖啡的最佳冲饮温度是96℃，并保持90.5℃。煮咖啡的时间不应太长，否则会破坏香味。大多数酒吧用咖啡壶煮咖啡，然后倒入客人的咖啡杯中，喝咖啡时应加奶、加糖，牛奶与糖应在上咖啡前在桌上准备好。咖啡应从客人的右边送上，咖啡杯应放在底碟上，咖啡的把手向右，咖啡勺放在碟上，且放在咖啡杯的右边。

酒吧客人服务礼仪

- 判断客人是否醉酒。

    首先，有礼貌地劝阻。对是否醉酒，判断要准确，如果认为客人已达到极限，就主动劝说："先生，请您饮用一杯咖啡（果汁、矿泉水）好吗？"

    其次，告诉主管。我国酒吧大都是女服务员。如果客人不听劝阻继续狂饮，自己没有把握处理好，应将事情经过及客人的态度和行为告诉主管，由主管来处理解决。

    最后，主动照料。对已经醉酒的客人要主动照料，如客人神志不清、站立不稳，服务员应主动搀扶，护送到房间。入房后，可先让客人喝一杯浓茶解酒，后送凉毛巾擦脸，使之清醒。如客人呕吐，服务员要及时清理脏物。

▲ 与客人聊天。

来酒吧的客人，尤其是单身客人，总希望在饮酒之余与服务员聊天。如果客人说："小姐，您真美，能陪我一下吗？"服务员要镇静，有礼貌地说："先生，您看，这么多人需要我服务，实在对不起。"尽量不要在柜台旁边聊天。

▲ 离开取酒时。

要离开服务客人取酒时，应向客人道歉，请求客人稍候片刻。

▲ 不可太随便。

酒吧员工应当是友好的，但不可太随便，不能在工作时喝酒、喝饮料，不能在客人中厚此薄彼。

▲ 考虑客人的爱好。

如酒吧为客人设有电视或音响设备，在选择电视频道和音乐类型时应充分考虑客人的爱好而不是员工的爱好。

▲ 茶吧的特点

▲ 设备要好，环境要优美。

茶吧室内装饰讲究华丽、舒适，灯光柔和，使客人有一种舒适感。不同酒店的茶吧有不同的特点和风格。有的设有装饰华丽的舞台和舞池、现代化的音响设备、自己的乐队和歌手。

▲ 欣赏音乐和跳舞穿插结合进行。

茶吧一般是欣赏音乐和跳舞穿插结合进行的。我国的音乐茶座提倡演出优美、文明、健康的节目，除现代歌曲，还要有一些外国名曲和古曲乐曲，由高水平的乐队和歌手演唱，会使客人的夜生活过得轻松、愉快，精神得到满足。

▲ 提供优质服务。

服务员要懂得茶吧服务的知识和程序，掌握服务技能。茶吧是丰富客人夜生活的设施，是客人消遣享受的场所。服务员要了解各国客人对饮料、食品的喜好，掌握销售酒水、食品的有关知识，还要懂得一些音乐知识，了解演出乐曲及当天节目的内容，以便回答客人的询问。

▲ 茶艺师礼仪

▲ 茶艺师的人格魅力。

- 微笑。茶艺师的脸上永远只能有一种表情，那就是微笑。发自内心的得体的微笑，可以使茶艺师魅力倍增。只有把客人当成心中的"上帝"，微笑才会光彩照人。
- 语言。茶艺师用语应该是轻声细语。但对不同的客人，应主动调整语速，对善于言谈的客人，可以加快语速，或随声附和，或点头示意。对不喜欢言语的客人，可以放慢语速，增加一些身体语言，如手势、点头。
- 交流。茶艺师讲茶艺不要讲得太多，应该给客人留出空间，引导客人参与进来，除了让客人品茶外，还要让客人开口说话。引出客人话题的方法很多，如赞美客人，评价客人的服饰、气色等，这样可以迅速缩短双方的距离。
- 功夫。知茶懂茶，知识面广，表演得体等，是成为优秀茶艺师的先决条件。
  - 茶艺师的慧眼。
    茶艺师应该有一双洞察力极强的慧眼。客人进入茶吧后，从第一眼看到客人开始，要在60秒内，优秀的茶艺师应该能判断出客人的性格类型、大概的社会地位、来茶吧的目的等。它决定了服务的方式和质量。
  - 全程服务。
    全程服务是指从客人走进茶吧直到离开，茶艺师的跟踪服务。从迎客、入室、落座、点茶、茶艺表演、闲聊、送客，茶艺师都应伴随客人左右，除非客人有自己的事（如谈商务、自娱等）。
    这里特别强调送客。送客是茶艺师留给客人"最后的恋情"，是赢得回头客的绝活。全程服务应注意以下3个方面。
- 话不要多，三句足够。"您今天还满意吧？""希望您对我们的服务提出宝贵的意见。""欢迎您下次再来。"
- 微笑直到客人离去。优秀的茶艺师在送客时微笑得更为生动，依依不舍，达到服务的最高境界。
- 送客出门。在引路中提醒客人注意安全，关注茶吧的环境、饰物等，让客人留下更深的印象。

品茗礼仪

- 嗅茶。
  客人坐定以后，茶艺师取出茶叶，主动介绍该品种的特点、风味，客人则依次传递嗅赏。
- 温壶。
  先将开水冲入空壶，使壶体温热然后将水倒入"茶船"——一种紫砂茶盘。
- 装茶。
  用茶匙向空壶中装入茶叶，通常装满大半壶。切忌用手抓茶叶，以免混入手气或杂味。
- 润茶。
  将沸水冲入壶中，待壶满时，用竹筷刮去壶面泡沫，随即将茶水倾入"茶船"。
- 冲泡。
  至此，才可正式泡茶。要用开水，但不宜用沸水。

- 浇壶。

    盖上壶盖之后，在壶身外浇开水，使壶内、壶外温度一致。
- 温杯。

    泡茶的间隙，在茶船中利用原来温壶、润茶的水，浸洗一下小茶盅。
- 运壶。

    第一泡茶泡好后，提壶在茶船边沿巡行数周，以免壶底的水滴入茶盅串味。
- 倒茶。

    将小茶盅一字排开，提起茶壶来回冲注，俗称"巡河"。切忌一杯倒满后再倒第二杯，以免浓淡不均。
- 敬茶。

    双手捧上第一杯茶，敬奉在座的客人。如客人不止一位，则第一杯茶应奉给德高望重的长者。
- 品茶。

    客人捏着小茶盅，观茶色，嗅茶味，闻茶香，然后腾挪于鼻唇之间，或嗅或啜，如醉如痴。

咖啡吧各式早餐服务礼仪

- 自助早餐服务。

    客人就座后上咖啡或茶；客人到自助餐桌取所需食品；如果客人没有额外的散餐需求，可提前为客人准备好账单。
- 欧陆式早餐服务。

    客人就座后服务咖啡或茶；问客人所需果汁的种类；询问客人要面包还是焙面包片。
- 英式早餐服务。

    客人入座后服务咖啡或茶；问客人所需果汁或水果的种类；询问客人所需面包的品种（丹麦面包、牛角面包、小松饼、烤面包片或大麦面包）；询问客人所需蛋类、肉类及鱼类等的烹制方法和特殊要求；按照热饮、果汁、面包、谷类食物、蛋类食物、甜食的次序上菜和服务。
- 日式早餐服务（时令水果、海鲜类、日式泡菜、日式清茶等）。

    向客人说明日式早餐需要的准备时间；客人就座后服务日式清茶；准备日式早餐所需的一切餐具；将餐具及订单一联送入厨房；将食品送入餐厅，为客人服务。
- 中式早餐服务。

    客人入座后上茶；问客人所需粥和点心的品种；将订单送入厨房制作；根据客人所点菜品调整餐具；将食品送入餐厅；及时为客人撤掉空碟和空杯，添咖啡或茶。

咖啡吧服务礼仪

▲ 点单技巧。

服务员站立于客人右侧 0.5 m 处，身体前倾，声音适中，耐心介绍，提供建议。问清客人所订食品的火候及配料，询问客人有无特殊要求，并重述订单内容。分类填写，开胃菜、汤、头盘写在菜单的最上面，主菜写在中间，甜点写在最后，用间隔线分开。菜单上要注明各种菜所需的配汁和调料，各种肉类制作的火候及客人的特殊要求。

▲ 分单技巧。

当两位以上的客人光临餐厅时，应礼貌询问是否需要分单（夫妻和家庭除外）"Excuse me, sir, do you want separate bills or just one master bill？"询问分单形式，记录分单情况，写清分单顺序，记录客人位置。

回到服务台后，对照菜单重新开具一张菜单，并在菜单上画上横线以标明分单的顺序，最后在菜单的落款处注明"分单"字样。将开好的菜单交给收款员，并在每张账单上注明 A、B 或①、②，以示区分。

如客人须添加饮料，应将费用随时记入由该客人分付的账目中。客人结账时，由原点单服务员为客人结账。

▲ 推销技巧。

- 向着急离开、单独的客人推荐准备时间短的项目。
- 向由公司付款的客人提供价格高的项目。
- 向重要人物、美食家提供品味最佳的项目。
- 对于消费低、时间长的客人，可以多征询几次"您还需要什么帮助"或"您还要加点什么"，待客要同样热情周到。
- 对悠闲自在的客人，要认真地点菜写单，食品要有节奏地上，营造良好的气氛，令其享受美好的情调。
- 对睡眼惺忪的客人，由于他们还没完全清醒过来，对其服务一定要细心。所点食品要复述清楚，避免产生误会。
- 特殊场合推销香槟酒、葡萄酒。
- 对家宴注重孩子们的选择。
- 对情侣注意女士的选择。
- 向素食者推荐低热量的食品和饮料。
- 推销时应举止礼貌、态度友善，尽可能推销价格高、成本低的项目，当客人接受建议和推销时，要礼貌地致谢。

▲ 食品服务技巧。

服务前应根据客人所点菜肴，将配套餐具换好。服务员必须用右手从客人的右侧服务，并礼貌地告诉客人食品的名称。如果餐盘较热，必须事先提醒客人。服务各种配汁、配料及调料也要在客人右侧。各道菜之间的时间控制要根据客人进餐的速度灵活掌握。

服务技能

酒吧是酒店为客人提供饮料、娱乐、休息的地方，通常供应含有酒精的饮品，尤以鸡尾酒为主，有的也供应汽水、果汁、小吃等。茶吧格调较为高雅，设计、装修、布置都非常讲究，通常有古典小乐队现场演奏，客人可在此交际、休息。茶吧一般只供应冷热饮品、西点。咖啡吧是客人会见交友、商务洽谈的活动场所，以供应西餐为主。在饭店的茶吧，茶香缭绕，古筝悠扬，会让人产生愉快、舒适、亲切、安详感。酒吧间的灯光柔和，装修美观，色调幽雅，音乐美妙，风格独特，名字别致。酒吧常常从正午或傍晚开门，营业到深夜甚至凌晨。咖啡吧一般营业时间较长，甚至是 24 小时营业，客流量大，以半成品及简易制法的食品为主，多采用既简单又快捷的美式服务。"三吧"服务礼仪如表 21-1 所示。

表 21-1 "三吧"服务礼仪

内容	操作要点	作用
接待礼仪	（1）问候礼仪 客人来到酒吧、茶吧门口，迎宾员应主动上前微笑问候。常客应道出姓名，确认客人是否预订，问清人数后引领入内 （2）引领技巧 引领客人时应走在客人左前方，保持约 1 m 的距离。遵从客人的意愿，根据客人的特点，将客人引领到适当的座位上。一位客人可引领至吧台前的吧椅上；两位以上的客人，可引领到小圆桌 （3）点单礼仪 选定位置后，拉椅让座，递上打开的酒、菜单，礼貌地征求客人意见，问清客人的需要，帮助客人选择，对客人的特殊要求给予积极的回答；准确记录并复述确认客人所点食品	为客人安排满意的位置，拉椅让座，能够体现服务员的周到、细心。根据客人情况合理介绍、推荐酒茶，为客人着想，充分体现服务意识。只有细心才有针对性服务，才可能达到超值服务
调酒礼仪	（1）动作娴熟 在 3 min 内调好酒水，调酒姿势端正、潇洒，始终面对客人，取酒应侧身而不要背身 （2）注意卫生 严格按配方要求调制，取用冰块、装饰物等应使用工具规范操作 （3）斟酒标准 斟酒以八分满为宜，斟多杯酒时要来回依次倒满，使酒的浓度一致	调酒师是酒吧的关键人物，也可以说是酒吧的灵魂，调酒师娴熟又潇洒的动作会给客人一种美的享受

视频：接待礼仪

视频：调酒礼仪

续表

视频：席间服务礼仪

视频：结账送客礼仪

内容	操作要点	作用
席间服务礼仪	（1）送酒、茶、咖啡的方法 服务员送酒时应先放好杯垫和免费的佐酒小食品，递上纸巾，再用托盘从客人右侧上酒、茶、咖啡，并说："这是您的××，请慢用。" （2）勤服务 服务员要细心观察客人的动态，勤巡视、勤斟酒水，随时提供客人所需要的服务 （3）及时服务 如客人需要添加饮料、提出询问或离开等，都要及时提供服务	服务员托盘端送、轻声细语的勤服务让客人感受到超值的享受。席间服务是对服务员综合素质的考核，除服务技巧外，更多的是对应变能力的检验
结账送客礼仪	（1）准确结账 客人示意结账时，服务员用托盘将账单送到客人面前，将账单的正面朝下，反面朝上。现金付款时，应当面点清钱数，零钱和底单要交给客人 （2）礼貌送客 客人离去时，服务员要主动相送，表示谢意，并欢迎再次光临。对已有醉意的客人要搀扶，并帮助其叫出租车，送客人上车后，服务员方可离去	结账准确无误、操作规范，会让客人满意而归。送客服务，真切的话语、留恋的眼神会让客人期盼再见

综合训练

敬茶礼仪训练

- 礼仪角色

  请一名学生扮演茶吧服务员，几名学生扮演客人。

- 礼仪要求
- 双手端茶从客人的右后侧奉上。盖碗必有茶托，茶托是为防茶碗烫手用的。喝茶时要连茶托一道端起，应该没有声音。器皿的使用也关乎礼节。
- 将茶盘放在临近客人的茶几上，然后右手拿着茶杯的中部，左手托着杯底，杯耳朝向客人，双手将茶递给客人同时要说："您请用茶。"
- 上茶要讲究先后顺序，一般先客后主，先女后男，先长后幼。
- 尽量不要用一只手上茶，尤其不能用左手，切勿让手指碰到杯口。
- 斟茶不宜过满，以杯深的 2/3 为宜。
- 把握好续水的时机，以不妨碍宾客交谈为佳，不能等到茶水见底后再续水。

▲ 如果用茶水和点心一同招待客人，应先上点心。点心应给每人上一小盘，或几个人上一大盘。点心盘应用右手从客人的右侧送上。待其用毕，即可从右侧撤下。

拓展阅读　侍酒师的工作内容

侍酒师（Sommelier）源于法语，字面上的意思是指在酒店、餐厅、酒窖等场所负责提供酒水饮料服务的侍者。实际上，侍酒师所具备的技能往往超乎我们所看到的。一名合格的侍酒师不仅需要具备专业的酒类知识，如各种葡萄酒、啤酒和烈酒等的知识，还要熟练掌握对应的侍酒方式，另外，需要负责餐厅或酒窖的酒品饮料采购及销售，酒单的编排和价格的设定，酒品的鉴别，酒窖的管理，为客人提供服务与咨询，推荐最佳酒菜搭配等。

侍酒师应具备良好的形象，优雅的姿态，诙谐的语言，让客人体验优质的服务，也能够运用自己的专业知识让客人更好地享受酒菜搭配带来的美妙体验，为顾客带来精神与感官的双重享受。想成为一名合格的侍酒师并不是一件容易的事，他的成长期至少需要四到五年时间，在葡萄酒的品鉴及专业技能上也需要经过多次的专业考核。

侍酒师行业在国外已有多年的发展史，是一个广泛存在的职业。在中国，目前还属于新兴职业。2022年9月，我国人力资源和社会保障部公布了新修订的《中华人民共和国职业分类大典（2022年版）》将"侍酒师"收录其中，正式成为职业并赋予职业编码。未来，随着中国酒店餐饮业对侍酒服务重视程度的日益提升，将会进一步推动侍酒师行业的蓬勃发展，侍酒师将会是未来的黄金职业之一。

▲ **案例　点菜服务**

宋先生和夫人为了纪念结婚30周年，来到大连一家高级西餐厅用餐。入座后，服务员王小姐为他们端上冰水，接着问要什么小吃和鸡尾酒。宋先生不知所措地回答道："小姐，我们不了解西餐，请您推荐一下。"王小姐高兴地为他们介绍："吃西餐我们一般先喝一些清汤或清水，目的是减少后面喝酒对胃的刺激，然后可以按顺序要鸡尾酒和餐前小吃，开胃菜、汤、色拉、主菜、水果、奶酪、甜点、餐后饮品。实际上，不必每个程序都点菜，可以根据自己的喜好和口味任意挑选。"

宋先生还问了王小姐，如何使用餐具和怎样点菜，王小姐又将两个菜单递给宋先生和宋夫人，让他们可以按照酒单上的内容先点菜后点酒。结合餐厅特色菜，服务员王小姐为他们全程点了鸡尾酒、冷肉、法式小面包、海鲜沙拉、牛排和红葡萄酒及咖啡等，餐后宋先生和夫人非常高兴，他们向部门负责人表扬了王小姐，说道："我们不仅得到了良好的服务，还体验到了西餐的乐趣，下次一定还来！"

评析

餐饮点菜、点酒服务的过程，实际上也是一个饮食文化的传播过程。作为一名优秀的餐饮服务人员，应该对这个过程相关的程序、内容和文化知识有较深的了解和掌握，本案例中，服务员王小姐能够为不懂西餐文化的宋先生和宋夫人提供热心周到的服务，为他们介绍用菜的程序、内容和方法，使客人深深体会到西餐文化的乐趣，这些都体现了王小姐良好的服务意识和娴熟的服务技能。

这些也是餐饮企业培训中必不可少的内容。点菜和点酒的基本程序从形式上看比较简单，然而将这些程序有机地结合起来，达到令宾客满意的效果却不是一件容易的事情。所以在我们服务过程中应加以重视，并妥善满足客人的需求。

考核指南

小组练习

将班里的学生分成小组，各小组选一位组长带领组员，完成"三吧"服务礼仪操作。

小组评价

- 酒吧服务礼仪。
- 茶吧服务礼仪。
- 咖啡吧服务礼仪。

综合实训评价

综合评价包括小组之间的互评和教师对各小组工作的系统评价，用于确定个人能力水平和努力方向。如表21-2所示。

表 21-2　"三吧"服务礼仪学习评价表

内容			评价	
学习目标		评价项目	小组评价	教师评价
知识	应知应会	酒吧服务礼仪		
		各种酒类服务礼仪		
		茶吧服务礼仪		
		茶艺师服务礼仪		
		咖啡吧服务礼仪		
能力	专业能力	迎宾引领服务能力		
		询问、点单服务能力		
		调酒、茶艺表演服务能力		
		送酒、敬茶、咖啡服务能力		
		推销、食品服务能力		
		结账送客服务能力		
	通用能力	语言表达能力		
		解决问题能力		
		沟通协作能力		
		组织管理能力		
态度	亲切问候、热情有礼、有求必应			
教师、同学建议：			评价汇总： A. 优秀 B. 良好 C. 基本掌握	
努力方向：				

附录

附录一
常用礼宾词汇英汉对照表

A
administrative and technical staff 行政技术人员
ambassador at large 无任所大使、巡回大使
ambassador extraordinary and plenipotentiary 特命全权大使
apologize 致歉
arrival time 抵达时间

B
banquet 宴会
buffet dinner 冷餐宴会
bilateral relations 双边关系

C
casual 随意（服装）
ceremony 仪式
chancery 办公处
chief of state 国家元首
chief of government 政府首脑
cocktail（drinks）鸡尾酒会（酒会）
condolence 悼唁
congratulations 祝贺
cordial hospitality 盛情款待
courtesy call 礼节性拜访
courtesy 礼节
come all the way 专程造访

D
dean of the diplomatic corps 外交团长
dessert 甜点
dinner 晚餐，晚宴
diplomatic channel 外交途径
diplomatic immunity 外交豁免
diplomatic privileges 外交特权
diplomatic bag 外交邮袋
diplomatic corps 外交团
diplomatic envoy 外交使节
diplomatic intercourse 外交来往
diplomatic list 外交官名册
diplomatic official 外交官员
diplomatic personnel 外交人员
diplomatic rank 外交官衔
diplomatic representative 外交代表
departure/take-off time 起飞时间
distinguished guest 贵宾
declare……open 宣布……开幕

E
etiquette 礼，礼仪
Excellency 阁下
exchange of ratification 互换批准书
exchange note 换文
exchange of visit 互访

F

farewell call 辞行拜会
formal note 正式照会
formal 正式的
full evening dress（tail coat）晚礼服（燕尾服）

G

gift（present）礼品
general secretary 总书记
general manager 总经理
goodwill visit 友好访问

H

Honorable 阁下（美）
heartfelt thanks 由衷的谢意

I

informal 非正式的
interview 访谈
introduction 介绍
invitation card 请柬

L

lady first 女士优先
Lady 女士
letter of recall 召回国书
letter of appointment 委任书
letter of introduction 介绍书
letter of credence（credentials）国书
Lord 勋爵
luncheon 午宴
luxury suite 豪华套房

M

madam 夫人
Majesty 陛下
memorandum 备忘录
menu 菜单
minister plenipotentiary 全权公使
morning coat（cutaway）晨礼服（常礼服）

Mr. 先生
Mrs. 女士（已婚）
Miss 小姐
Ms. 女士

N

national emblem 国徽
national flag 国旗
national day 国庆节
necktie（tie）领带

O

official meeting, official talk 正式会谈
official visit 正式访问
official residence 官邸
order of precedence 在线序列
official invitation 正式邀请
office manager 办公室主任
outstanding employee 优秀员工

P

permanent (residence) representative 常驻代表
plenary meeting 全体会议
politeness 礼貌
presentation of credentials 递交国书
private visit 私人访问（非正式访问）
private meeting 非正式会谈
protocol department 礼宾司
protocol officer 礼宾官
propose a toast 提议祝酒

R

R.S.V.P 请答复
receive 接见
reception 招待会
refreshment 点心
regret only 不能出席请答复
restricted meeting 限制性会议
return call 回拜
royal Highness 殿下
reserve 预订
round-trip ticket 往返票

S
service charge 服务费
special envoy 特使
state visit 国事访问
state banquet 国宴
summon 召见
sympathy 同情，慰问
secretary-general 秘书长

T
tea party 茶会
tips 小费

toast 敬酒、干杯
tuxedo (smoking dinner jacket or black tie) 小礼服
single/double room 单／双人房

V
verbal note 普通照会
vice president 副总统

W
working breakfast 工作早餐

附录二
世界部分地区的礼俗和节日

亚洲部分地区礼节和习俗

一、日本

（一）礼俗

日本人爱喝酒，同中国人一样，"无酒不成席"。但日本人敬酒的方式与中国人不同，敬酒一方手持酒瓶，不断地为对方斟满酒，自己却不喝。日本人不用香烟待客，抽烟而不敬烟。

日本人拜访他人时一般避开清晨、深夜及用餐时间，拜访须预约。在进日式房屋时，要先脱鞋，脱下的鞋要放整齐，鞋尖向着房间门的方向。在拜访他人时，时常带些礼物。切忌不经礼让而直接走进主人室内。

日本人较注意服饰，在正式场合大多穿礼服。和服是日本传统的民族服装，在隆重的社交场合或节庆时一般穿和服出席。

日本花道和茶道盛行。花道是一种插花造型艺术，是日本女子品德教育与生活技艺修养的必修课。茶道不是日常生活意义上的饮茶，而是以茶艺形式进行交际，以"和、敬、清、寂"为精神，款待尊贵的宾客，是对客人的最高礼遇。

（二）节日

日本的"祭"和"节"比较多，日本主要的祭祀节有5月15日"葵祭"、7月17日"祇园祭"和1月23日"时代祭"。

元旦。其庆祝方式相当于中国的春节，是日本民族最隆重的节日，时间在公历的1月1日。

成人节。日本青年进入20岁时，就要举行"成人节"。"成人节"每年1月15日举行，是法定假日。

儿童节。其有男孩节和女孩节之分。女孩节（3月3日）又称"雏祭"；男孩节（5月5日）旧称"端午节"。

樱花节。每年3月15日至4月15日，其间日本各地樱花盛开。

二、韩国

（一）礼俗

韩国人性格直爽，勤劳勇敢，能歌善舞，民族自尊心强，团结、群体意识强。韩国人普遍注重礼貌礼节，有"礼仪之邦"之称。

韩国人初次见面时，常以交换名片相识。与长辈握手时，要将左手轻置于其右手之上，躬身相握，以示恭敬；与长辈同坐时，要保持姿势端正，挺胸，不懒散；用餐时，不可先于长者动筷。男子见面时，可打招呼，相互行鞠躬礼并握手。异性见面时，通常不握手，只行鞠躬礼。

如果应邀去韩国人家里做客，应严格遵守时间，以示对主人的尊重。按习惯要带一束鲜花或一份小礼物，用双手献给主人。进入室内时，要将鞋子脱掉留在门口，不得光脚进入，必须穿袜子，否则被视为失礼。韩国人待客热情，一般以咖啡、不含酒精的饮料或大麦茶招待客人，有时还加上适量的糖和淡奶。这些茶点客人必须接受。

（二）节日

韩国的节日与我国的传统节日近似，如春节、清明节、端午节和中秋节，只是时间有所区别。我国用的时间是阴历，而韩国则是公历。端午节也是韩国的儿童节。每年的6月9日是"洗头节"，此日，男女老少都到河边洗头，晚上在家举行洗头宴，高唱洗头歌。

三、泰国

（一）礼俗

泰国人很讲礼貌，晚辈对长辈处处表示尊重，泰语中敬语用得很多。在泰国的日常生活中，晚辈向尊长行礼时，必须躬身而双手合十。同时，双方可互致问候"撒瓦迪卡"（你好）。行礼之后，可不必再握手，尤其是男女之间。

在泰国人的生活中，佛拥有至高无上的地位，无论是上层人物还是平民百姓，遇见僧人时必须行礼，僧人却概不答礼，即使对国王也不例外；僧人如若答礼，则被视为犯法。向王室或高僧行礼时需下跪，甚至儿子出家为僧，父母亦需跪地送行。从坐着的人身边经过时，要略微躬身，以示礼貌。长者在座时，他人应坐地或蹲跪，头的高度不可超过长者，否则是极大的失礼。

（二）节日

元旦。又称佛历元旦，这一天全国各地都要举行庆祝会，其中以首都曼谷最为隆重和热烈。

宋干节（泰历4月13日到16日）。又称泼水节。"宋干"是求雨的意思。4月13日，人们要举行"浴佛"庆典。人们提着食品，手捧鲜花和蜡烛赶到寺庙去祈祷，僧人以桃枝将浸着花瓣的香水洒在人们头上，然后把佛像从宝座上搬至院里，用香水洒于佛身，以涤除邪恶，迎吉祈雨。

水灯节。又称佛光节，于每年泰历12月15日举行。月圆之际，为了答谢水神并消灾祈福，泰国城乡各地分别择定3天举办水灯节盛会。

春耕节（泰历5月）。这是泰国的宫廷大典之一，由泰国国王亲自主持。目的是祈求诸神保佑风调雨顺，获得丰收。

泰国民间在农闲时还有斗鸡的习俗。

四、新加坡

（一）礼俗

新加坡人十分讲究礼貌礼节，很重视"礼貌之道重于行"的准则。他们的礼貌口号是"真诚微笑"；生活信条是"真诚微笑，处世之道""人人讲礼貌，生活更美好"。他们尤其崇尚尊老敬贤。

华裔占新加坡总人口的近80%，因此，新加坡在语言、文字、习俗等方面保留了浓厚的中国气息，如两人见面时要相互作揖等。华裔多信奉佛教，有在屋内诵经的习惯，诵经时不允许任何人打扰；印度血统的人因多数信奉印度教，故保留了印度的礼节和习俗；而马来血统、巴基斯坦血统的人则按伊斯兰教的礼节待人接物。因受英国影响，新加坡在很大程度上已经西化，所以又有一些西方待人接物的特点。

到新加坡人家里做客，可送一束鲜花或一盒巧克力。新加坡人对吉祥字、吉祥图画等有特殊的感情。对"喜""福""吉""鱼"字都非常喜欢，认为这些字预兆着吉利。还有"苹果""荷花"代表"和平"，"蝙蝠"表示"幸运"，"竹"表示"文明""学习"和"力量"，"梅花"是"新年之花"。他们酷爱花草，兰花是他们偏爱的花种。

（二）节日

新加坡华人过春节相当隆重，有守岁、祭祖祀神、放鞭炮、给孩子压岁钱、走亲访友、迎神、演戏、赶庙会、过元宵节等习俗。

每年的4月17日是新加坡的传统节日——食品节。节日里，国家和个人都会举行各种庆祝活动。食品店也会准备许多精美食品，国人不分贫富，都要购买各种食品邀请亲友，阖家团聚，以示祝贺。

五、马来西亚

（一）礼俗

马来西亚人多信奉伊斯兰教，并将伊斯兰教奉为国教。由于地理位置处于热带，马来西亚的穆斯林同阿拉伯的穆斯林在习俗方面有许多差异。他们的生活方式较自由。如在节日里，青年穆斯林可以自由地跳舞，甚至有时男女间可以通宵达旦地跳舞，有的还趁机谈情说爱；在日常生活中，他们可以赤脚，室内可以无床，打地铺而睡。

见面时，男子常用抚胸鞠躬礼：行礼时，一边深深鞠躬，一边举右手抚于自己胸前，以示真诚敬意。女子常用屈膝鞠躬礼：行礼时，双膝微微弯曲，然后再深深鞠躬，以示崇高敬意。马来西亚人还常用拍手抚唇礼：行礼时，将两手手指并紧，再将手背手面相互轻拍一下，然后用右手贴一下自己的嘴唇或额角，以示亲近之礼。在行以上三种礼时，往往由一方先祝愿说："愿真主保佑您安好"，另一方则回答说："愿您一样安好"。

（二）节日

除国庆节、元旦外，马来西亚的穆斯林还要过两个重要的宗教节日，即开斋节和古尔邦节。

六、菲律宾

（一）礼俗

菲律宾人在日常交往中，无论男女都行握手礼。在与熟人或老朋友见面时，有的男人之间以拍肩膀示礼。与长辈相见时，要吻长辈的手背，以示对老人的尊重；年轻姑娘见长辈时，吻长辈的两侧脸颊为礼；晚辈见长辈时，说话前要把头巾摘下放在肩上，深深鞠躬，并称呼长辈为"大爷"。

菲律宾人十分尊重妇女和老人，若有长辈或长者在场，不能将双脚交叉翘起或分开；若有女子在座，男子更要稳重。

菲律宾人热情好客，常把茉莉花串成花环，套在宾客的脖子上，以示尊重。

菲律宾人的家庭观念重，谈话时要多谈家庭。进菲律宾家庭内部要脱鞋。

（二）节日

元旦。12月30日是菲律宾民族英雄何塞·黎萨尔的就义日，人们为了纪念他，便把这一天定为新年元旦，一直要持续一个星期。

血盟节。每年从5月18日开始，菲律宾东明都洛省卡拉潘市，都要举行一次盛大的"血盟节"庆祝活动，这是一个纪念菲中人民友好交往的节日，体现了菲中两个邻邦千年友好的史实，也表现了今天两国人民友好相处，并希望世世代代友好下去的共同愿望。

独立节。6月12日是菲律宾人民推翻西班牙殖民统治的日子，每年这一天都要举行盛大的游行庆祝活动，纪念菲律宾独立。

七、印度尼西亚

（一）礼俗

印度尼西亚人非常友好，见面时可以行握手礼，也可以点头示意。宾主初次见面要交换名片。由于印度尼西亚人多数信奉伊斯兰教，在拿东西或取物时，都要用右手，不能用左手，也不能用双手。

到印度尼西亚人家做客，可向主人送一束鲜花。进入圣地，特别是清真寺，一定要脱鞋。

(二) 节日

元旦（1月1日）。元旦为全民的节日，人们穿上新衣拜访亲友，检查自己过去一年里有什么过错，尤其是对不起亲友的地方，请求亲友原谅并接受指教，在互相检讨、互相勉励中，共同祝福新年进步。

青年节。又称英雄节。1945年11月10日，印度尼西亚人民奋起抗击英国侵略者，青年们在这场斗争中做出了重大贡献，故以此得名。

欧洲部分地区礼节和习俗

一、英国

(一) 礼俗

英国人十分注重礼节。讲文明、有礼貌、尊重女性是英国世风的重要特点。英国男子总是把"女士第一、女士优先"的礼俗当作生活的重要内容。

英国人十分注重维护自身的绅士形象和风度。衣着考究，出席社交活动讲求把服装熨得笔挺整洁。说话办事彬彬有礼，很有分寸。

英国人在第一次见面时礼节很简单，就是握手问好，一般不行拥抱礼。在谈话时含蓄、谦虚、幽默中颇有内容。

英国人不愿意别人干扰他们的个人生活，对于自己的家庭，有浓重的眷恋之情。他们常说一句话："我的家就是我的城堡，风能吹进来，但国王和王后没有我们的邀请则不能进来。"传统习惯上，邻里之间一般相互不往来。邀请别人来家作客的情况一般不多见。

在英国，朋友之间讲究送礼。但礼品的数量不能过多，档次不能过高，否则就有因行贿之嫌而产生误会以至于不敢或不乐意接受。一般情况下，英国人习惯于在晚上赴宴或观看演出后，相互送点高级糖果、巧克力、名酒、鲜花之类的礼品。

英国人时间观念很强，而且照章办事。若请英国人吃饭，必须提前通知。到英国人家中赴宴，不能早到，以防主人还未准备好，导致失礼。

英国人，特别是年长的英国人，喜欢别人称他们的世袭头衔或荣誉头衔，至少要用"先生""夫人""阁下"等称呼。

(二) 节日

英国人除了宗教节日之外，在全国性的节日中，国庆和除夕之夜是最热闹的。国庆是每年6月的第二个星期四，按历史惯例定在英王生日那一天。除夕之夜全家围坐，举杯畅饮，为辞旧迎新，人人高唱"辞岁歌"。除夕夜必须瓶中有酒、盘中有肉，象征着来年富裕有余。丈夫在除夕还要赠给妻子一笔钱，作为新的一年缝制衣物的针线钱，以表示在新的一年里能得到家庭温暖。苏格兰人则提着煤块去拜年，把煤块放在亲友家的炉子里，并说一些吉利话。苏格兰人还有一个与众不同的习俗,是男人穿裙子,而且是花格短裙。

4月1日为愚人节。

二、法国

(一)礼俗

法国人性格开朗、天性快乐、热情、脾气直爽,喜欢与人交谈,谈吐风趣,处事乐观,喜好高雅的东西,尤其爱好音乐、舞蹈。尚美、爱美,衣着讲究,尤其是女士,最爱打扮,可以说是闻名世界。同样,法国服装也闻名世界。

在法国,对妇女的尊重与保护,是男子的天职与荣耀。法国人处处体现"女士优先"的原则,因此,有"殷勤的法国人"之称。人际交往中,见面礼节主要是握手礼、拥抱礼和接吻礼。法国人行接吻礼时,规矩很严格:只有夫妇和情侣才真正接吻,而朋友、亲戚和同事之间只能贴脸或颊,长辈对小辈是亲额头。

法国人的时间观念和计划性很强,尤其是在出席宴会和重大活动时,都是准时到达,准时开始,准时举行各项活动。

法国人初次见面,一般不需要送礼,第二次见面时,则应考虑送些礼物,鲜花是很好的礼品。法国是一个盛产鲜花的国家,人们都爱花。

法国人乐于助人,待人彬彬有礼,平时礼貌语言不离口,稍有不当,即会道歉。

法国人很注重在公共场合的形象。在公共场所,不能随便指手画脚、掏鼻孔、剔牙、掏耳朵;男子不能提裤子,女子不能隔着裙子提袜子;男女一起看节目,女子坐在中间,男子则坐在两边。

(二)节日

法国人过年有一种习惯,家中的酒瓶里不能剩酒,否则会被认为来年要交厄运。因此,他们在除夕晚上一定要将家中的酒喝光,以致许多人喝得酩酊大醉。他们还认为元旦这天的天气可以预兆新的一年的光景。

法国人的其他节日还有7月14日的国庆节(攻克巴士底狱纪念日);万灵节(11月1日)也称诸圣节,是祭奠先人及为国捐躯者的节日;体育节(每年3月中旬的第一个星期日),由国家心脏学基金会发起"为心脏健康而跑"的活动;鸡鸣节,在北部城市土歌英举行,这个节日的民族气息很浓。

三、德国

(一)礼俗

德国人勤勉、矜持、有朝气、守纪律、好清洁、爱音乐。德国人待人接物严肃拘谨,即使是对亲朋好友、熟人,见面时一般也只行握手礼,只有夫妻和情侣见面时才行拥抱、亲吻礼。

德国人很重感情，也非常好客，对于远道而来的客人总是关心备至，态度诚恳坦直。

德国人素以勤劳著称，工作节奏很快，"平日无闲人"是整个德国重要的社会特色。

德国人不喜欢别人直呼其名，而要称头衔。

请德国人进餐，必须事先安排好。在宴会上，一般男子要坐在妇女和职位高的人的左侧，女士离开和返回餐桌时，男子要站起来以示礼貌。与德国人交谈时，可谈有关德国的事、个人业余爱好和体育。在谈体育运动项目时，一般可谈如足球之类的运动，不要谈篮球、垒球和美国式橄榄球运动。

德国人非常爱清洁，注重仪表。上班必须穿工作服，而下班后工作服是绝不能穿着上街的。观看文艺演出或参加各种正式活动时，男子必须穿礼服，女士必须穿长裙。

被德国人邀请到家中做客，尽管通常是简便的自助餐形式，却是一种特殊的礼遇。被邀者可送一束鲜花给主人，鲜花中可附一张表示谢意的便条。在接受任何款待后的几天之内，被邀者应送去表示感谢的短柬。

（二）节日

元旦。除夕之夜，男子按传统习俗聚在屋里喝酒、打牌，将近零点时，大家纷纷跳到桌子和椅子上，钟声一响，就意味着"跳迎"新年，接着就扔棍子，表示辞岁。

慕尼黑啤酒节。慕尼黑被誉为"啤酒城"，"啤酒节"是德国的民间传统节日。它持续的时间很长，每年从5月揭开序幕，到9月的最后一个星期进入高潮，一直持续到10月的第一个星期结束，所以也叫"10月节"。节日期间，德国各地和国外的游客潮水般地涌向慕尼黑，节日的夜晚热闹非凡，人人开怀畅饮。

狂欢节。狂欢节是德国的传统节日，从每年11月11日11时起，一直到第二年复活节前40天为止，历时两个多月，最后一周是狂欢节的高潮。在最后一周里，有两个波峰"女人节"和"疯狂的星期一"。

四、意大利

（一）礼俗

意大利人性格开朗、豪放、热情、质朴、心直口快、感情外露、乐观、浪漫不羁。他们审美意识和审美观念强，爱好音乐、艺术。

意大利人热情好客，待人接物彬彬有礼。在正式场合举止端庄，穿着十分讲究，平时也极爱打扮，在服饰上喜欢标新立异。见面时，大多行握手礼，常见朋友之间多招手示意。

意大利人在谈话时热情奔放，面部表情极为丰富，喜怒哀乐溢于言表。而且在谈话时，充分运用各种手势以表达和加强自己的意愿。

意大利人有晚睡晚起的习惯，夜生活丰富多彩。每逢周末，城里人便纷纷到郊区或风景胜地去旅游休闲，以调剂生活。

意大利人在正式场合用姓名全称。人们在见面打招呼时，姓的前面要冠以"先生""女士""小姐"等通称，一般关系的人之间只称呼其姓，家庭成员和亲密朋友之间才直呼其名。

意大利人认为一再邀请吃中饭或晚饭而拒不接受，是不合乎礼节的。如果是在家里请客吃饭，客人应该带去葡萄酒、鲜花或巧克力。送花要送单数或是一打。

意大利人喜爱绿、蓝、黄三色。他们偏爱雏菊，对狗和猫两种动物异常喜爱。

（二）节日

意大利的宗教性的节日较多，有圣诞节、复活节、圣母节、降灵节、耶稣升天日、圣母升天日等。此外，还有国庆节（6月2日）、建城节（4月21日）、狂欢节、情人节（2月14日）等。

意大利的除夕是一个狂欢之夜。夜幕降临时，人们燃放爆竹烟花，并在一起唱歌跳舞。午夜时分，家家户户将旧瓶、旧盆、旧坛、旧罐等全部扔出户外摔碎，是意大利人过新年的传统方式。

五、俄罗斯

（一）礼俗

俄罗斯人有坚强的意志，性格开朗豪放，能歌善舞，健谈，组织纪律性强，做事情喜欢统一行动。讲礼貌，有修养，见面时总是先问好，再握手致意，而且见面时要称呼对方的名字和父名，光称呼姓是不礼貌的。朋友间行拥抱礼，并亲面颊。

去俄罗斯人家里作客，可带上鲜花和烈性酒，送艺术品或图书也很受欢迎。女主人喜欢单数的花；男主人喜欢高茎、艳丽的大花。俄罗斯人对马感情很深，认为马能驱邪，给人带来好运，故喜欢把马头形的木雕定在屋脊上。俄罗斯人偏爱"7"，认为"7"是成功、美满的预兆。俄罗斯人喜欢红色。

俄罗斯人生活习惯是睡得晚起得早，爱清洁，重视文化教育，热爱艺术。俄罗斯人认为给客人吃面包和盐是他们最殷勤的表示。男人外出活动时，十分注重仪表仪容，一定要把胡子刮净，准时赴约。在社交场合，他们处处尊重女性。

（二）节日

在俄罗斯，新年的概念要比其他国家宽泛得多，特别是在近几年，俄罗斯人在辞旧迎新的十几天时间里要过三个年：一是12月25日，多数基督教会规定的圣诞节；二是1月1日，俄罗斯全民的新年；三是1月7日，俄历中的圣诞节。他们把圣诞节的传统习俗与过新年结合起来，如圣诞老人叫冬老人，代表旧岁，雪姑娘代表新年，这一老一少是迎新晚会的贵客，负责分发礼物。大多数俄罗斯人喜欢在家过新年，男人们通宵饮伏特加酒。当电视广播里传出克里姆林宫的12下钟声后,男女老少互祝新年快乐。女主人则按俄罗斯人的习惯,要大家说一个新年心愿。

此外还有送冬节(2月末3月初)、奔跑节(每年9月11日)、洗礼节、谢肉节、清明节、旧历年等。

六、西班牙

（一）礼俗

西班牙人见面时行握手礼和拥抱礼,朋友之间通常是男性相互抱肩膀,女性轻轻搂抱并吻双颊。人们互相交换名片是一种有礼貌的表示。西班牙人穿着讲究。

在与西班牙人交谈时,只称呼客人姓,而不加其母亲的姓,但在写信时必须加上。他们喜欢谈论体育和旅游。

西班牙人喜欢夜生活,吃晚饭的时间一般在晚上8点左右。西班牙人同朋友通电话或聊天,最合适的时间是晚上12点到第二天凌晨1点之间。他们有利用午休会友的习惯,因此大部分机关和商店从下午1点到4点半停止办公,饭馆一般晚上9点才开门营业。

西班牙妇女善用扇子来表达她们的感情。

（二）节日

西班牙人过年时,手上一定要拿一枚金币才算有福气。在元旦那一天,孩子们打架、骂人、啼哭被认为是不祥之兆,因此,大人们为了在这一天能看到孩子们的笑脸,几乎满足他们提出的一切要求。除夕之夜,家人必须团聚,午夜来临,12点的钟声刚开始敲第一响时,每个人就开始吃葡萄,必须在第10响之前吃完12颗,这样新年就会快乐。

斗牛是西班牙盛行的一种体育表演,富有民族特色,吸引着成千上万的观众。

美洲部分地区礼节和习俗

一、美国

（一）礼俗

美国人谈吐幽默诙谐,比较浪漫,为人随和,性格开朗,快活乐观,不拘小节。

美国人在与人接触时,讲究文明礼貌,落落大方,没有过多的客套。见面时一般行点头礼、举手注目礼、握手礼、接吻礼或吻手礼。美国人一般不送名片给别人,只是在想保持联系时才送。美国人衣着一般比较随便,年轻人一件T恤衫、一条牛仔裤、一双旅游鞋就可以周游世界。

在美国，人们若要登门拜访，应事先打电话约好。在节假日或周末若应邀去美国人家中，人们往往习惯于带点礼物送给女主人，这种礼物可以因人而异。向女主人赠送的礼品可以是一本书，一束花，或是一些自己烤制的蛋糕等。

美国人探病时大多是赠鲜花，有时也赠盆景。送朋友远行时，常赠鲜花、点心、水果或书籍、杂志等，礼品上一般附有名片，祝他一路平安。

美国人在日常生活中习惯于晚睡晚起，但时间观念强，很少迟到。从适应气候上看，美国人大多怕热不怕冷。

美国人很讲"女士优先"，尤其是在社交场合，女士总是会受到格外的优待。

美国人喜好并善于写信。

（二）节日

感恩节。美国人过的主要节日除了圣诞节、复活节外，还有感恩节，又叫火鸡节。感恩节在每年11月的最后一个星期四。每逢感恩节时，美国放假三天，全国上下非常热闹，人们要吃烤火鸡和南瓜馅饼等传统食品。

国庆节。又称独立日（7月4日）。

母亲节和父亲节。母亲节（5月的第二个星期日）和父亲节（6月的第三个星期日）都是为了表示对双亲养育的崇敬和感激，经美国总统的批准，成为全国重要的节日。

植树节。植树节为4月22日，为美国农学家莫尔顿所创立。

情人节。2月14日。

二、加拿大

（一）礼俗

加拿大人因受欧洲移民的影响，其礼俗大多与英、法两国相似。衣着、待人接物都比较正统。热情好客，讲究礼貌，遵守时间，喜欢现代艺术，酷爱体育运动，特别是冰雪运动。

加拿大人通常行握手礼，讲究使用礼貌语言。喜欢谈论有关他们的国家和民众的优异之处。

到加拿大人家做客或吃晚饭，可带一件不太昂贵的礼物，如鲜花、巧克力或酒。宴后，一般要打一个电话或寄一张简短的致谢函向主人表示感谢。

加拿大人外出旅游时特别注重清洁卫生，很计较服务质量。

（二）节日

加拿大人多为欧洲后裔，宗教信仰上又沿袭祖先的崇拜，主要节日有圣诞节、感恩节、国庆日（7月1日）、元旦。

元旦。加拿大人将瑞雪作为吉祥的征兆，新年期间，不但不铲除积雪，还将雪堆积在住宅四周，筑成雪岭。据说，这样可以防止邪魔入侵，永葆安宁。

枫糖节。加拿大盛产枫树，其中以东南部的魁北克和安大略两地枫叶最多、最美，每年3、4月间春意犹浓之时，正是一年一度的"枫糖节"。

冬季狂欢节。在魁北克，每年2月从第一个周末开始，要举行为期10天的冬季狂欢节。冰雕比赛是节日的主要活动内容，在一条被称为"狂欢大街"的两旁，人们到处可以见到千姿百态、晶莹剔透的冰雕艺术品。

三、巴西

（一）礼俗

巴西人在社交场合与客人相见时，常用礼节是微笑和握手礼。巴西人相见时，往往以拳礼相互表示问好致敬。行拳礼时，先要握紧拳头，然后向着上空伸出拇指。与亲朋好友、熟人或情人相见，行拥抱礼或接吻礼。妇女之间行吻礼，即脸贴脸用嘴发出接吻的吻声，但嘴却不接触脸。

在涉外交往中，为巴西人选购礼品时，要把原来的包装纸剪掉一点，因为巴西习俗观念认为，包装纸是管运气的，只有将它剪去一点，才能防止把别人的好运带走。受礼时，巴西人总要当面打开礼品包，再致谢收下。

在巴西印第安人区，人们的敬客礼是"沐浴礼"。当客人登门拜访时，主人请客人入室洗浴。客人的洗浴时间越长，越能表明对主人的敬意。

巴西人偏爱蝴蝶，认为蝴蝶有美丽的形象，是一种吉祥之物。

巴西人酷爱足球。在巴西人的生活中，踢足球居于重要的位置。

（二）节日

狂欢节。巴西的里约热内卢每年2月的中下旬，均举办连续3天的传统狂欢节活动。届时，全城处处装饰一新，主要街道两旁搭起漂亮的牌楼和临时观礼台。在节日里，无论昼夜，也不分老少，人们都在欢快的氛围中跳桑巴舞。音乐家、舞蹈家以及其他艺术家都要各展其艺。每组歌舞及其他表演的队伍还要选出"国王"和"王后"。"国王"与"王后"的精彩表演会时时把节日的气氛推向高潮。凡获奖的歌舞队及个人，还要在规定的时间里进行街头献艺。

大洋洲部分地区礼节与习俗

一、澳大利亚

（一）礼俗

澳大利亚人办事爽快，说话直截了当。见面喜欢热烈握手，以名相称。喜欢与人交往，待人接物较随便，乐于主动与陌生人聊天。他们时间观念强，准时赴约。女性较保守，接触时要谨慎，做客时可送葡萄酒和鲜花。

澳大利亚的北半部比较热，在达尔文、布里斯班等北部城市，短裤被认为是礼服，但要系领带，还要穿长袜子。而在悉尼、堪培拉等南部城市，人们参加晚会时经常穿无尾礼服、燕尾服，一切都是英国式的风俗习惯。

澳大利亚人酷爱体育活动，游泳及日光浴是人们的爱好。

（二）节日

国庆日（1月26日）。纪念首批移民到澳大利亚定居。

圣诞节（12月25日）。因澳大利亚是南半球国家，当欧美各国一派冰雪时，澳大利亚却是盛夏，因此商店橱窗里特意装扮的冰雪及圣诞老人和满街的夏装形成鲜明的对照，成为澳大利亚圣诞节的特色。

跑马大赛。澳大利亚的墨尔本市每年11月份的第一个星期日都要举行一次跑马大赛。届时，弗莱明顿跑马场观众如潮。

二、新西兰

（一）礼俗

新西兰人结识、见面或告别，均施握手礼。有的新西兰人对同自己一样身份的人行鞠躬昂首礼。在称呼姓氏时应冠以"先生""夫人"或"小姐"。但在新西兰两次见面后即可直呼对方名字，这样更为亲切、诚恳。

新西兰人时间观念强，赴约守时。交谈话题大多涉及气候和体育运动，特别是橄榄球和板球。

土著毛利人善歌舞，讲礼仪，当远方客人来访时，致以"碰鼻礼"，碰鼻次数越多，时间越长，说明礼遇越高。

（二）节日

主要节日有圣诞节（12月25日）、国庆日（2月6日）。毛利人有他们自己独特的传统习俗。他们相信灵魂不灭，崇拜祖先和各种神灵及神圣的首领。

非洲部分地区礼节与习俗

埃及

（一）礼俗

埃及人正直、爽朗、宽容、好客，这一特殊的个性通称为"埃及风格"。

埃及人见面时行握手礼，有的见面也行亲吻礼。人们最广泛使用的问候是"依库姆塞拉姆"（祝您平安），回答则是"而来塞拉姆而依库姆"（也祝您平安，或是享受真主的慈悲和吉祥）。

接送东西时要用双手或右手，千万不能用左手。

宴席间如果有人为了祈祷而中途退席，客人要耐心等待。浪费食物，尤其浪费面饼，被认为是对神的亵渎。

星期五、星期天是伊斯兰教的休息日，进入清真寺时，要脱鞋，穿超短裙、短裤不得进入。

（二）节日

埃及的主要节日有国庆节（7月23日）、惠风节（4月下旬）、开斋节（伊斯兰教历十月一日）。

惠风节。埃及的传统节日之一。古埃及以农为本，人们都十分重视这个节日，视为幸福的希望。这一天总要吃鸡蛋、腌鱼和生菜，因为鸡蛋被看作生命的象征和起源，生菜象征春天的葱绿，古埃及人崇拜鱼类。

斋月和开斋节。为伊斯兰教的传统祭礼月，在每年伊斯兰教历九月实行斋戒。

古尔邦节（伊斯兰教历十二月十日）。又称宰牲节，是伊斯兰教又一盛大节日。

参考文献

[1] 魏凯,李爱军. 旅游职业礼仪[M]. 北京:高等教育出版社,2024.

[2] 张延. 酒店VIP服务与管理[M]. 2版. 沈阳:辽宁科技出版社,2005.

[3] 肖璇. 现代酒店英语实务教程[M]. 2版. 北京:中国工人出版社,2006.

[4] 李国茹. 旅游接待礼仪[M]. 2版. 长春:东北师范大学出版社,2009.

[5] 刘艳. 最新职场礼仪大全[M]. 北京:现代出版社,2010.

[6] 金正昆. 社交礼仪教程[M]. 2版. 北京:中国人民大学出版社,2007.

[7] 文晓玲. 社交礼仪[M]. 大连:大连理工大学出版社,2008.

[8] 洪美玉. 旅游接待礼仪[M]. 北京:人民邮电出版社,2006.

[9] 李博洋. 旅游服务礼仪[M]. 成都:西南财经大学出版社,2012.

[10] 李娌. 导游服务案例精选解析[M]. 2版. 北京:旅游教育出版社,2009.

[11] 姜文宏,刘颖. 前厅客房服务技能综合实训[M]. 北京:高等教育出版社,2002.

郑重声明

高等教育出版社依法对本书享有专有出版权。任何未经许可的复制、销售行为均违反《中华人民共和国著作权法》,其行为人将承担相应的民事责任和行政责任;构成犯罪的,将被依法追究刑事责任。为了维护市场秩序,保护读者的合法权益,避免读者误用盗版书造成不良后果,我社将配合行政执法部门和司法机关对违法犯罪的单位和个人进行严厉打击。社会各界人士如发现上述侵权行为,希望及时举报,我社将奖励举报有功人员。

反盗版举报电话　　(010)58581999　58582371
反盗版举报邮箱　　dd@hep.com.cn
通信地址　　北京市西城区德外大街4号
　　　　　　高等教育出版社知识产权与法律事务部
邮政编码　　100120

读者意见反馈

为收集对教材的意见建议,进一步完善教材编写并做好服务工作,读者可将对本教材的意见建议通过如下渠道反馈至我社。

咨询电话　　400-810-0598
反馈邮箱　　gjdzfwb@pub.hep.cn
通信地址　　北京市朝阳区惠新东街4号富盛大厦1座
　　　　　　高等教育出版社总编辑办公室
邮政编码　　100029

资源服务提示

授课教师如需获得本书配套教辅资源,请登录"高等教育出版社产品信息检索系统"(http://xuanshu.hep.com.cn/)搜索下载,首次使用本系统的用户,请先进行注册并完成教师资格认证。